乡村70载 振兴跨百年系列丛书

中国乡村振兴

——农村专业技术协会发展研究

王玉斌 等○编著

中国农业大学出版社
China Agricultural University Press
·北京·

内容简介

本书旨在厘清农村专业技术协会（简称“农技协”）发展现状及其推动农业农村发展的作用机理，剖析农技协典型组织模式，对比分析农技协与农民专业合作社发展差异，深入挖掘农技协存在的问题，探寻农技协创新发展的路径与模式，激发农技协组织活力。

图书在版编目（CIP）数据

中国乡村振兴：农村专业技术协会发展研究 / 王玉斌等编著. --北京：中国农业大学出版社，2023.10

（乡村七十载　振兴跨百年系列丛书）

ISBN 978-7-5655-3030-2

Ⅰ.①中…　Ⅱ.①王…　Ⅲ.①农业技术－科技服务－研究－中国　Ⅳ.①F324.3

中国国家版本馆 CIP 数据核字(2023)第 146131 号

书　　名　中国乡村振兴
　　　　　——农村专业技术协会发展研究
　　　　　ZHONGGUO XIANGCUN ZHENXING
　　　　　——NONGCUN ZHUANYE JISHU XIEHUI FAZHAN YANJIU

作　　者　王玉斌　等　编著

策划编辑　童　云　　责任编辑　何志勇
封面设计　李尘工作室
出版发行　中国农业大学出版社
社　　址　北京市海淀区圆明园西路 2 号　　邮政编码　100193
电　　话　发行部 010-62733489，1190　　读者服务部 010-62732336
　　　　　编辑部 010-62732617，2618　　出　版　部 010-62733440
网　　址　http://www.caupress.cn　　E-mail cbsszs @ cau.edu.cn
经　　销　新华书店
印　　刷　北京虎彩文化传播有限公司
版　　次　2023 年 11 月第 1 版　　2023 年 11 月第 1 次印刷
规　　格　170 mm×240 mm　　16 开本　　12 印张　　222 千字
定　　价　52.00 元

本书由中国科学技术协会农村专业技术服务中心2021年重大委托课题“农技协与科技志愿服务调查研究”和中国科普研究所2023年委托课题“科技工作者参与乡村振兴典型案例研究”与“科普助力乡村产业振兴案例研究”等资助出版。

丛书编审指导委员会

本书编委会

主　编：王玉斌　王　诚　彭立颖

副主编：李　乾　赵勇钧　张丛杉

编　委：（按姓氏笔画排序）

王　诚　王玉斌　朱洪启　华　静

李　乾　杨玉莹　张丛杉　陈　涛

赵勇钧　姜昊辰　鹿傲飞　彭立颖

出版说明

“乡村七十载　振兴跨百年系列丛书”立足新中国成立 70 周年、中国共产党成立 100 周年、决胜全面建成小康社会冲刺之年和“两个一百年”关键历史交汇期，紧扣乡村振兴战略这一新时代“三农”工作总抓手，围绕产业兴旺、生态宜居、乡风文明、治理有效、生活富裕等方向，组织专家学者参与到本系列图书的创作与出版工作中来。

本系列丛书主要汇集有关学者从决胜脱贫攻坚到实施乡村振兴战略这一伟大时期，其服务“三农”、开展乡村振兴研究和实践的回顾与总结，更有对未来一段时期中国乡村振兴的思考和探究。

这套丛书的选题策划与出版缘起于中国农业大学经济管理学院王玉斌教授的激情提议，也正好契合中国农业大学出版社服务“三农”的办社宗旨。为此，中国农业大学出版社组织实力编辑团队与王玉斌教授一起来共同组织作者团队编写“乡村七十载　振兴跨百年系列丛书”，体现“三农”学者的所思、所想及所得，体现了出版者对“三农”的深厚情怀与责任担当。

除了王玉斌教授之外，还有中国农业大学原校长柯炳生教授、北京工商大学原校长谭向勇教授、全国畜牧总站党委书记时建忠研究员、中国农业电影电视中心时任党委书记兼主任刘天金先生、中国畜牧业协会会长李希荣先生、中国农业大学原副校长傅泽田教授、中国农业大学经济管理学院院长司伟教授等多年来带领团队积极投身于我国乡村振兴研究，深入农业农村实践的学术界领导者。同时，也汇聚了中国农业大学规划设计院张德林院长、中国畜牧业协会刘强德副秘书长、中国畜牧业协会驴业分会赵飞副会长、中国畜牧业协会驴业分会王春洪秘书长、北京工商大学李乾老师以及中国农业大学赵培芳博士、李杰博士、鹿傲飞博士等近百位深耕“三农”实践，全力践行乡村振兴战略的实战派研究人员。

我们计划用3～5年甚至更长一段时间，以丛书形式出版多部有关乡村振兴方面论著，打造一批高水平出版物，力求做到选题的针对性、作者的专业性、内容的科学性、案例的可借鉴性。希望本系列书的出版能为我国的“三农”事业和乡村振兴战略的实施做出应有的贡献。

中国农业大学出版社

2021年春

前　言

农村专业技术协会（简称“农技协”）是由科协直接领导的，由农民自愿联合、自主经营、民主管理的一种专业合作组织。它是改革开放以后为适应农村商业化和生产专业化而产生的。农技协致力于向会员普及现代农业知识，开展各类培训活动以及社会化服务，从技术服务入手，进行产前新品种推广，产中技术指导，产后产品销售等服务。作为一种具有中国特色的新型专业技术服务组织，它在提高农民组织化和专业化程度，提高农村的社会化服务水平，促进农业产业规模化发展等方面起到了较大作用，在推动农业现代化进程中做出了较大贡献。

农技协是非营利、非政府的民间组织社会团体。《中国农村专业技术协会章程》中规定农技协是公益性团体，主要承担对农技协会员的技术服务和指导。2007 年《中华人民共和国农民专业合作社法》实施后，政策的倾向性打破了合作社与其他合作组织并行发展的格局，农技协虽在农村技术服务和科学普及中的适用范围较合作社更为广泛，但因缺乏明确的法律保障，其生存和发展受到了冲击和威胁，从 2007 年以来农技协数量增长十分有限，大多数农技协呈现出一种不稳定的状态。2012 年以来，中央一号文件明确要求发挥专业技术协会在农业现代化建设中的作用，2017 年中国科协、农业部、国务院扶贫办又联合发文提出依托农技协等民间组织助力精准脱贫工作，但现实并未显现好的发展态势。据中国科协统计，农技协的数量从 2015 年的 11.05 万个骤降到 2020 年的 2.5 万个。

随着传统农业向现代农业的转变，农村社会化服务体系的重要性越发凸显。随着农民合作社有了明确的法律地位之后，农技协原来在农村经济合作组织中的主流地位逐步被取代。

如何从根源上挖掘并破解农技协发展过程中存在的问题，如何创新农技协发展模式，如何更好地发挥农技协在现代农业经营体系中的合作与联合纽带作用，如何实现农技协与合作社等新型合作组织的共存共进，成为亟须破解的重要理论和现实问题。厘清农技协发展现状及其推动农业农村发展的作用机理，剖析农技协的典型组织模式，对比分析农技协与合作社发展差异，深入挖掘农技协存在的问题，探寻农技协创新发展的路径与模式，激发农技协组织活力，助力乡村振兴，变得尤为紧要和迫切。

作者

2023 年 8 月 15 日

目　录

第一篇

农村专业技术协会发展研究总报告

第一章 农技协的发展沿革*

第一节 孕育萌芽期（1978—1987年）

1978年，十一届三中全会胜利召开，全党工作重点转向社会主义现代化建设，全面实行改革开放。安徽、四川和云南一些地方在中央精神鼓舞下，迅速实施家庭联产承包责任制改革，有效调动了农民生产积极性，农业生产力随之得到大幅度提高。

由于农业生产生活需要，农民迫切需要农业生产专业技术服务，科协系统在农村广泛开展的实用技术普及和科技培训活动，使农户自发自愿合作联合开展农业生产经营活动的积极性也逐步高涨，同时，民间自发组织的以技术交流为主要内容的协会在各地农村不断涌现。1979年，党的十一届四中全会通过《关于加快农业发展若干问题的决定》提出允许农民因时因地制宜，自主经营。同年，安徽天长县（现天长市）成立了中国第一个农民科学种田协会。在20世纪80年代的"大包干"改革过程中，诞生了诸如四川温江县（现温江区）养蜂协会、通江县银木耳研究会、河北河间国欣农村科技服务总会等中国第一批农村专业技术协会。

1986年，中国科协向党中央、国务院提交《一种具有中国特色的技术经济合作组织正在中国农村兴起》的报告。1987年，国务院办公厅转发了该报告，首次明确肯定了农技协在宏观政治层面的地位。这一阶段的政策主要是为了鼓励农民之间开展多种形式的、自发的技术交流活动。同年，中共中央政治局通过了《把农村改革引向深入》的文件，文件提出，支持农民组织起

---

* 本章作者为王玉斌（中国农业大学）、李阳阳（中国农业大学）、华静（宁夏大学）、裘露寒（中国农业大学）。

来进入流通，发展多种形式的经济联合。中国共产党第十三次全国代表大会的报告《沿着有中国特色的社会主义道路前进》提出，在坚持自愿互利的基础上鼓励和提倡多种形式的合作与联合，逐步达到合理的经营规模。

这一时期，农民专业合作组织还没有引起政府相关部门的重视，国家相关部门出台的农技协政策大多还较为笼统。农村专业技术协会大多被称作“专业技术协会”或者“研究会”，基本上都是各地科协部门兴办的，活动内容以技术合作和交流为主，多属于自发形成，没有一个较为稳定或统一的发展模式，组织管理也不规范，会员流动性较大，稳定性不强。由于当时的农产品市场处于供不应求的状态，农民通过这种合作，得到了最急需的农业技术，提高了产量，增加了收入，但这一时期的协会大多处于自生自灭的状态。

第二节　快速发展期（1988—1999 年）

农技协在农业技术推广和农业经济振兴中发挥的作用逐步引起中央高度重视。1988 年，《国务院关于深化科技体制改革若干问题的决定》提出，“大力支持农村各种专业合作组织、技术协会、研究会，以及村办、联户办、户办等多种形式的民间科技推广服务组织。”1989 年，《国务院关于依靠科技进步振兴农业，加强农业科技成果推广工作的决定》明确提出，“积极支持以农民为主体，农民技术员、科技人员为骨干的各种专业科技协会和技术研究会，逐步形成国家农业技术推广机构与群众性的农村科普组织及农民专业技术服务组织相结合的农业技术推广网络，以疏通科技流向千家万户和各生产环节的渠道。”此时，经过短短十年时间，全国各地农技协组织已经超过 10 万个，“学科学、用科学”在中国农村蔚然成风。

1991 年 5 月，中国科协把农技协纳入了地方科协的主要工作内容，在《中国科学技术协会章程》中规定县科协建立基层乡镇科协、乡镇科普协会，联系指导农村专业研究会、协会。1991 年 11 月，《中共中央关于进一步加强农业和农村工作的决定》指出，“要重视推动民间各种专业技术协会、研究会和科技服务机构的发展，充分发挥其在推广适用技术和开辟新产业中的作用。”1994 年，《中共中央、国务院关于 1994 年农业和农村工作的意见》提出，“要扶持民办专业技术协会的健康发展。”此后，党中央、国务院在相关文件中多次明确提出支持农技协发展。1995 年 11 月 8 日，全国性的农技协组织——中国农村专业技术协会正式成立，形成了全国、省、地（市）、县多级，上下贯通的全国农技协组织体系。1997 年，全国农技协总数已经超过 13 万个，在农村社会经济生活中的影响日益增大。

这一时期，农技协发展呈现出新的特点：一是活动内容逐渐拓宽，从以技术合作为主，转向共同销售农产品等方面的合作；二是兴办方式趋于多样，除能人或专业大户牵头兴办外，农村集体经济组织，农技、水产等部门，也开始利用其在资金、人才、技术和设备等方面优势，兴办农技协；三是协会组织形式相对紧密，制定了章程，明确了会员权利和义务，内部管理制度逐渐建立和完善起来。

第三节　演化变革期（2000—2006 年）

随着农村经济改革逐步深入，农技协组织的快速发展有效解决了农技推广和生产需求脱节这一关键问题。2001 年，国家《农业科技发展纲要（2001—2010 年）》明确提出，“要在稳定、加强农业技术推广机构的同时，大力发展农民、企业技术推广与服务组织，支持农村各类专业技术协会的发展。”2004 年，《中共中央国务院关于进一步加强农村工作提高农业综合生产能力若干政策的意见》提出，“积极培育农民专业技术协会和农业科技型企业。”2006 年，《全民科学素质行动计划纲要（2006－2010－2020 年）》提出，“发展农业技术推广机构、农村基层科普组织和农民合作经济组织，重点扶持 1 万个农村专业技术协会。”这个阶段，相关部门发布的政策文件体现了对农技协组织发展的重视和扶持。

这一时期，中国科协通过开展调研、组织研讨会、合作交流、表彰先进等多种方式支持和指导农技协健康发展，农技协组织不断壮大，主要工作内容也由技术合作型向技术经济合作型转变。这一时期，国家出台大量相关政策支持农技协在全国范围内构建技术服务体系，促进农技协在农业社会化服务方面取得突破，农技协数量快速增长，搭建了由点到面的技术服务网络。

21 世纪开始，农村专业技术协会进入深化发展阶段。这个阶段，农技协多种形式共存，股份制形式开始出现并得到一定发展。随着农村改革的不断深化，特别是农业农村经济快速发展，农民在发展市场经济过程中，农产品的生产、加工和销售成为制约农业产业结构调整的关键环节。为适应农业发展新形势的需要，农技协也开始从改革体制入手，大胆创新，与农民关系更加紧密，运行机制更加有效，经济效益和社会效益明显提升，农技协发展形势向好。

第四节　政策转折期（2007 年至今）

2007 年，《中华人民共和国农民专业合作社法》颁布实施，此时国家政策更多的是倾向于合作社，对农技协的政策支持似乎是依托于合作社，通过提供技术服务与合作社共同助力农业产业化经营，合作社在资源与法律地位方面开始明显占据优势，部分农技协转为合作社，对农技协组织的功能发挥造成较大的冲击，农技协组织数量趋于减少、基层组织流失严重。2007 年，党的十七大报告指出，“探索集体经济有效实现形式，发展农民专业合作组织，支持农业产业化经营和龙头企业发展。”强调农技协与合作社作为农村集体经济形式，可以在产业化经营方面发挥作用。

2008 年，《中共中央关于推进农村改革发展若干重大问题的决定》指出，“支持供销合作社、农民专业合作社、专业服务公司、专业技术协会、农民经纪人、龙头企业等提供多种形式的生产经营服务。”2009 年，中央一号文件指出，“开展农业科技培训，培养新型农民。采取委托、招标等形式，引导农民专业技术协会等社会力量承担公益性农技推广服务项目。”这一时期，国家支持农技协与合作社共生发展，连接众多小农户与大市场，提高农民的组织化程度，政策对农民合作社的支持力度明显加大，对农技协的支持力度明显不足。

受自身组织性质、管理机制的限制以及外部环境的影响，农技协的发展进入低谷期（刘洁和祁春节，2011），农技协发展面临着新的选择。2012 年到 2016 年，中央一号文件连续五年明确要求，发挥农技协在农业现代化建设中的作用。其中 2015 年中央一号文件明确指出，要“发挥农技协在农技推广中的作用”，强调了农技协在技术服务方面的功能作用，要求其提升技术服务综合能力。此后，中国科协与农业部共同出台《关于支持农技协开展农技社会化服务的意见》，明确了具体工作任务和举措，促进农技协转型升级发展。2016 年，中共中央办公厅印发《科协系统深化改革实施方案》，提出了对农技协转型升级的要求。2017 年，中国科协出台《关于促进农技协转型升级的意见》，力图打造开放型、枢纽型、平台型农技协，以更好地发挥农技协组织内在联系和服务涉农科技工作者、整合各类社会资源的作用。2018 年，中央一号文件指出，“创新培训机制，支持农民专业合作社、专业技术协会、龙头企业等主体承担培训。”该阶段，农技协发展的支持政策不断演化变革，持续鼓励引导农技协转型发展。

总体来看，农技协的发展，经历了从局部到整体、从保基本到追求高质量发展的变化历程，虽然各个阶段由于不同的历史背景和现实条件，农技协的组织发展与功能发挥受到较大限制，但是国家层面始终肯定农技协组织发挥的积极作用，重视和支持农技协发展，努力让农技协在联结最基层科技工作者和农民群体中扮演重要角色。

第二章　农技协的发展现状*

第一节　农技协的组织体系

农技协发展到现阶段，纵向组织由最初孤立的协会发展为贯穿中央—省（自治区、直辖市）—市（地区）—县（市、区）—乡—村六级的系统协会，横向组织也由从事第一产业为主的单一专业协会发展成综合性的涵盖第一、第二、第三产业的协会联合会。

纵向组织系统层面，包括 1 个国家级农技协，32 个省级农技协，1 349 个地市级农技协，22 494 个县、乡、村级农技协。构建了从中央到省、市、县、乡、村的纵向协会组织体系，形成了系统的指导服务机构，以及遍布全国的多元化、多层次的农业科技服务组织系统网络。

横向组织系统层面，随着经济体制改革的深入和市场经济机制的进一步完善，农技协逐渐在横向业务空间上，向精深加工的第二产业和相关的销售、金融、保险等第三产业领域延伸，逐步由专业性合作向综合性合作发展，由从事第一产业为主的单一的专业协会发展成综合性的包括第一、第二、第三产业的协会联合会。但是，为了适应农业产业化、商品化、专业化发展的不同水平，仍有相当数量的农技协保持着专业性合作的特点。

单一的农技协规模较小、经济实力较弱，难以抵御自然风险、市场风险和政策风险。通过形成模式创新、管理规范、上下联动、横向联合的开放型、枢纽型、平台型农技协组织体系，能够带来规模优势，有效整合资源，拓展基层农技协服务领域，提升服务能力，为农民科学素质提升和农业现代化发展做出更大贡献。

---

* 本章作者为王玉斌（中国农业大学）、李阳阳（中国农业大学）、裘露寒（中国农业大学）。

第二节　农技协数量变化及区域分布状况

一、农技协的数量变化

农技协兴起于 20 世纪 80 年代初，发展至今已有 40 年左右的历史。发展初期，农技协不断发展壮大，数量不断增加。2013 年，全国农技协数量达到 11.5 万个，从 2016 年后农技协数量开始逐年下降，2019 年农技协数量急剧减少至 2.8 万个，2020 年底，全国农技协数量减少至 2.5 万个，相较高峰时期农技协数量减少近 9 万个，减少了 78.3%（图 2-1）。

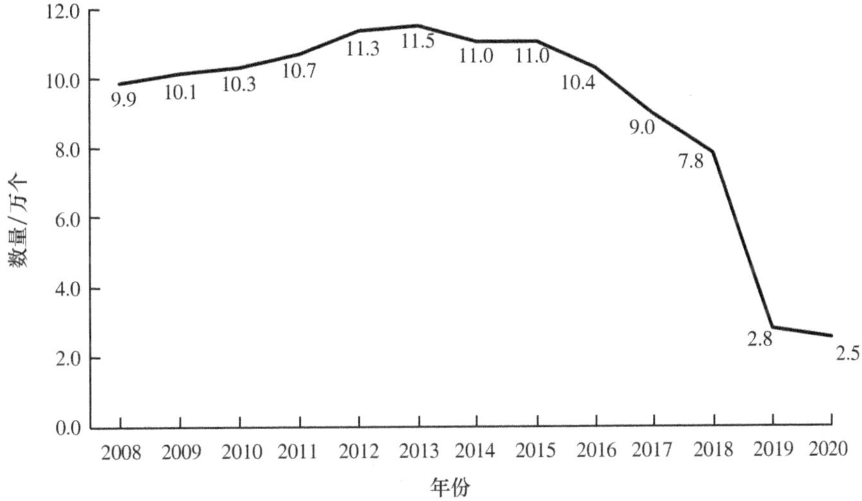

图 2-1　近年来农技协数量演变

资料来源：中国科学技术协会

通过问卷调研，结合相关资料分析，可以看出，农技协近年来数量快速衰减的根本原因，在于《中华人民共和国农民专业合作社法》出台以后对于合作社重视与支持力度的加大，在较大程度上冲击了农技协的发展，加速了农技协向多种组织形态的演化。2007 年底以来，农技协与合作社“一套班子两块牌子”的现象屡屡出现，部分农技协出于趋利的动机直接转变为合作社，部分农技协则在组织内部成立合作社或其他经济实体，以此来解决自身运作成本不足的问题，还有部分农技协转制为股份制公司或私营企业，组织差异化现象十分突出。此外，随着时代的发展，农技协的创新发展不足，已经不能很好适应新时期的“三农”全面发展之需要，这也是农技协数量衰减的重要原因之一。

二、农技协区域分布状况

农技协分布呈现出一定的地域性特点，区域之间分布并不均衡。

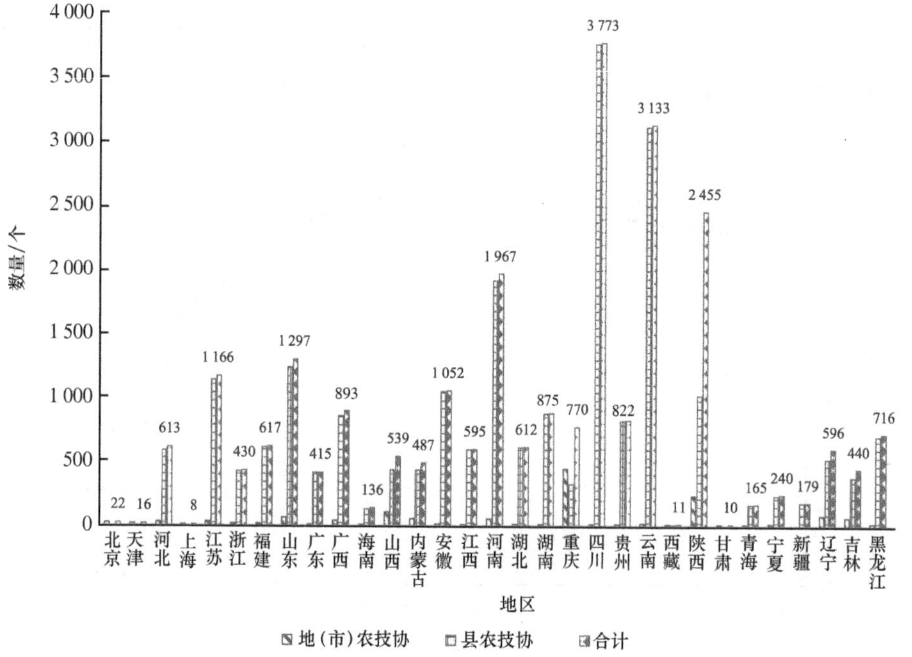

图 2-2　2020 年各省农技协数量状况

资料来源：根据中国农技协数据整理

统计资料显示，2020 年农技协组织数量居前 5 位的省份依次是四川、云南、陕西、河南、山东。总数超过 3 000 个的省份有云南和四川，总数在 1 000～3 000 个的省份有陕西、河南、山东、江苏、安徽。东部和中部地区是我国农技协分布较为集中的区域，西部地区农技协数量分布差异较大，同处西部地区的四川、云南、陕西 3 省农技协数量位居全国前 3 位，但是甘肃、西藏、青海、新疆的数量则相对较少（图 2-2）。

第三节　农技协产业分布状况

农技协通常围绕某个产业建立组织，围绕当地产业提供技术培训，推广新技术和新品种。党的十九大提出了乡村振兴战略，乡村振兴的核心是产业振兴，而乡村产业的发展离不开科技的加持。基层农技协可以做到科技与产业的良好结合，将小农户组织起来，发展农业生产经营，进入市场获取更大收益。

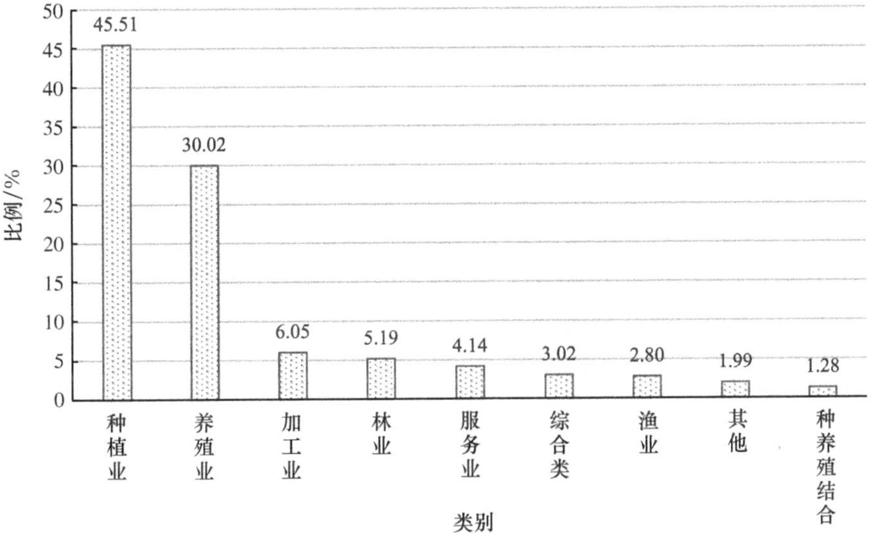

图 2-3　2020 年农技协产业分布状况

资料来源：中国农技协

农技协的产业分布仍以第一产业为主，同时覆盖第二产业和第三产业，从事金融、保险等第三产业的比例还较低。如图 2-3 所示，在产业结构上，种植业协会占 45.51%、养殖业协会占 30.02%、加工业协会占 6.05%、林业协会占 5.19%、服务业协会占 4.14%、综合类协会占 3.02%、渔业协会占 2.80%、种养殖结合协会占 1.28%、其他协会占 1.99%。可见，种植业和养殖业是农技协的主要服务产业，农技协从事的产业结构呈“金字塔”形，种植业和养殖业占 85.5%。利润较高的畜禽、水产养殖和水果、蔬菜、土特产、名优新产品以及特种经济动植物协会发展较快，效益较高，逐渐成为农技协产业分布结构中的主要内容。

第四节　农技协的类别分布状况

根据农技协专业委员会的划分，可将现有农技协分为谷物、大豆、油料、薯类、棉麻、糖料、蔬菜、水果、茶叶、食用菌、中药材、蚕桑、生猪、肉牛、奶牛、羊业、家禽、兔业、蜜蜂、海水养殖、内陆养殖、农产品流通、农机服务、农业品牌、柑橘25类。其中，蔬菜类农技协和水果类农技协数量最多、占比最大，其次为中药材类农技协、生猪类农技协和茶叶类农技协，而农产品流通类农技协、糖料类农技协、棉麻类农技协、大豆类农技协、农业品牌类农技协占比较少（图2-4）。

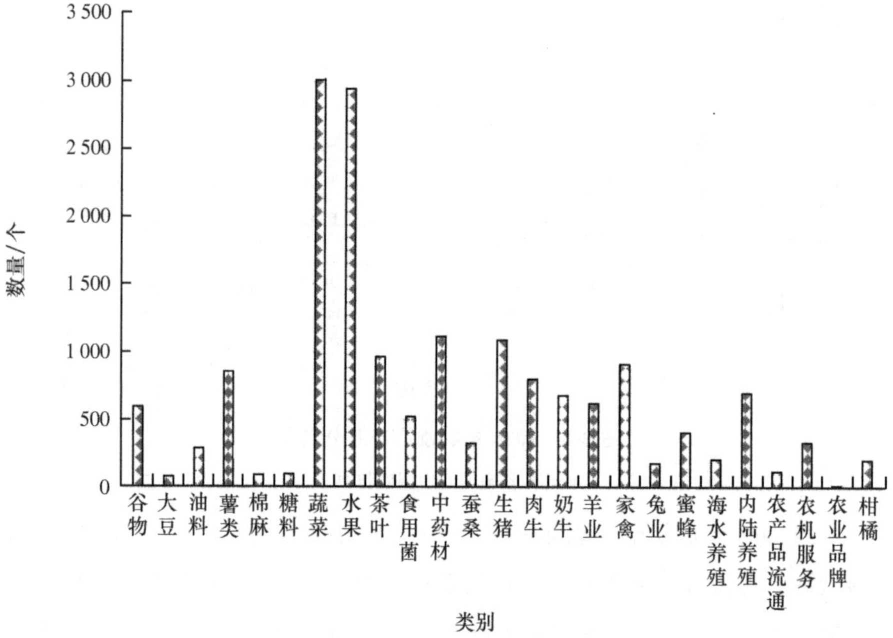

图2-4　2020年农技协类别分布状况

资料来源：根据中国农技协数据整理

第五节 农技协促进农业农村发展的作用机理

农技协在促进农业农村发展中，充分发挥了农村能人的引领作用，调动了广大农民的农业生产积极性，在提高农民科学文化素质，推进农村产业结构调整，推动农村科技进步、农业增效和农民增收等方面发挥了重要作用（图 2-5）。

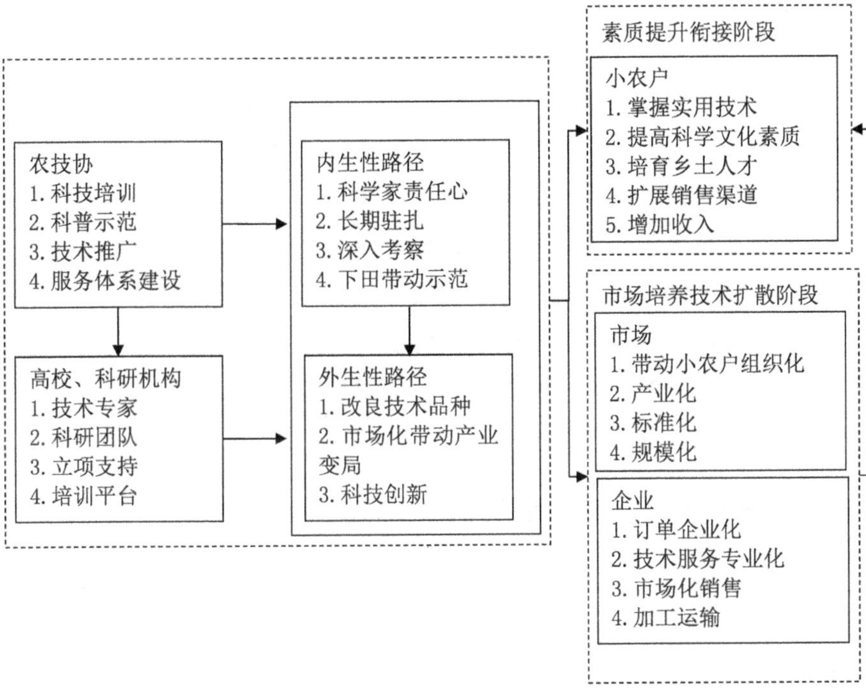

图 2-5 农技协促进农业农村发展的作用机理

一、提高农民科学文化素质

对于个体农民来说，农技协起到了提高农民科学文化素质、培养新型农民的作用。农技协本身是一支与农村科普工作有着天然联系，自发从事科普工作且潜力很大的重要力量。农技协是新技术、新成果最直接、最积极、最易见成效的实践者和受益者。农技协对会员和辐射带动的周围农户影响迅速，成为新技术、新成果的示范者和传播者。农技协专业培训主要聚焦科普教育、实用技术的推广与科技服务，在提高农民科学文化素质，促进农村精神文明建设方面发挥积极作用。

随着市场经济不断发展，农村劳动力结构发生深刻变化，面临继续推进劳动力转移就业和培育新型农民建设新农村的双重任务。农技协把农村“田秀才”“土专家”组织起来，靠科技致富，靠科技转变为职业农民，成为新农村建设的骨干力量。农技协以技术为纽带，以带动农民发展专业生产、依靠科技致富为动力，以各种实用技术为载体，培育了大批乡土技术人才，培养了数以百万计的有文化、懂技术、会管理的社会主义新型农民。各级农技协通过技术培训、专家下乡、能手辅导等方式，因地制宜地开展经常性的科普活动，宣传科学发展观，增强了农民科学意识，提高了农民科学素质。

对整个农民群体来说，农技协起到了提高农民组织化程度、带领农民进入市场的作用。农技协的性质决定了其可以实现三个整合：一是可以把分散的农民人力资源整合起来，二是可以把分散的土地等生产资源整合起来，三是可以通过联营联销等形式把产品销售资源整合起来。通过三个整合，能有效解决农产品分散供给与市场集中需求的矛盾，为个体小农户参与大市场竞争搭建了平台，把分散的农民组织起来，把零星的农产品汇集起来，赋予农技协成员组织化进入市场的主体地位。

二、加快实用农业技术推广应用

从现实情况来看，我国农业发展缺的是如何把实用技术转化为现实生产力的媒介。而农技协在农业科技推广方面具有 3 方面优势。一是具有自身科技优势。农技协多数是以各类“土专家”“田秀才”为核心，以科技示范户、专业户为骨干的“科技联合体”，通过能人效应、示范效应，把科技知识直接迅速地、有效地传播到农民中去。二是具有引进科技优势。农技协与全国农业科研院所、大专院校、推广机构和学会组织建立广泛的联系，充分发挥相关部门的人才优势，组织开展科技培训、示范和信息咨询等活动，形成与国家推广机构相结合，把现代农业先进实用技术输送到千家万户的有效渠道。三是具有科技传播优势。农技协通过能力效应和示范效应，把农业新技术、新成果迅速传播到会员和农户，打通了科技通向千家万户的渠道。

农技协是农民身边的群众组织，便于协会大户或能人凭借自身的技术和经验，把农民组织起来开展技术交流和技物结合等服务活动，使看得见、信得过、学得来、用得上的实用技术得到迅速有效传播，使最新的农业科技成果以便捷的方式、低廉的成本、高效的途径传递到农民手中。

三、促进农业产业结构调整

多年来，农技协发挥网络优势，利用所掌握的商品和科技信息，指导农民生产适销对路、附加值高的农产品，同时不断扩大生产规模，走集约化道路，促进农业产业结构调整。

1. 加快推动规模基地建设

农技协以技术为纽带，有利于集中土地、发展适度规模经营，有利于现代化机械设备的应用，有利于提高标准化、规范化生产水平，农技协推行的“协会＋公司＋基地＋农户”等模式，改变了农民过去“小打小闹”“单兵作战”的模式。

2. 加速主导产业形成

农技协以社会化服务为依托，以市场为导向，将从事同一类生产项目的农户组织起来，根据当地生产的实际需要，推广新品种、新技术，提高土地产出率、资源利用率和劳动生产率，使会员依靠科技增加了收入；农业新技术、新品种的普及推广，加快了农业增长方式由数量型向质量型、由传统型向科技型的转变；农技协围绕区域特色产业、优势产品，组织农民进行专业化生产、规模化经营，培育了一批专业生产村和专业生产县；助力区域内有效实现“小规模的个体，大规模的群体”的生产格局，加速区域内主导产业形成，推动农业产业结构调整优化。

四、推动了农村公共服务体系建设

近年来，农业社会化服务体系建设出现新的趋势，面临新的转折，农技协是典型的社会化、专业化服务组织之一，能有效地解决集体经济组织“统”不起来、国家经济技术部门包揽不下、农民单家独户办不了的事，尤其在技术服务上，通过充分发挥组织成员的整体技术优势，互相学习，互相交流，互相帮助，有力促进了新技术、新品种的推广普及，提高了农业生产力水平。

在农业专业化程度较高的地区，农技协成为专业技术流向农户和各生产环节的重要组织载体。农技协通过接受政府委托、招标等形式，承担良种、新农药、新技术等示范推广任务；农技协在技术推广上以市场需求为导向，许多地方出现了农技协引进一项技术、振兴一个产业、富裕一方群众的典型案例。农技协适应专业技术的积累进步、劳动分工的深化、新产业的出现等形势要求，逐步发展了规模养鸡、网上养鸭、大棚种植蘑菇等一批主导技术群，缩短了技术推广周期，一般做到一年试验、两年示范、三年在较大范围内普及，推动农业社会化服务迈出新步伐。

第三章　农技协区域发展现状对比分析*

第一节　农技协发展的区域数量比较

为全面了解农技协的区域发展状况，在全国东部（河北、福建、山东）、中部（吉林、江西、河南）、西部（陕西、云南、宁夏、贵州）① 重点区域，选择具有代表性的省份，基于垂直管理体制视角，刻画“中央、省、地(市)、县、乡、村”六位一体的农技协组织模式并进行对比分析。

农技协分布具有一定的地域性特点，区域之间分布并不均衡。2020 年中国农技协的统计资料显示，在选取的东、中、西部地区 10 个代表性省份中，西部地区的云南和陕西，中部地区的河南以及东部地区的山东农技协数量位居全国前 4；10 个省份中，宁夏农技协数量最少（图 3-1）。总体而言，农技

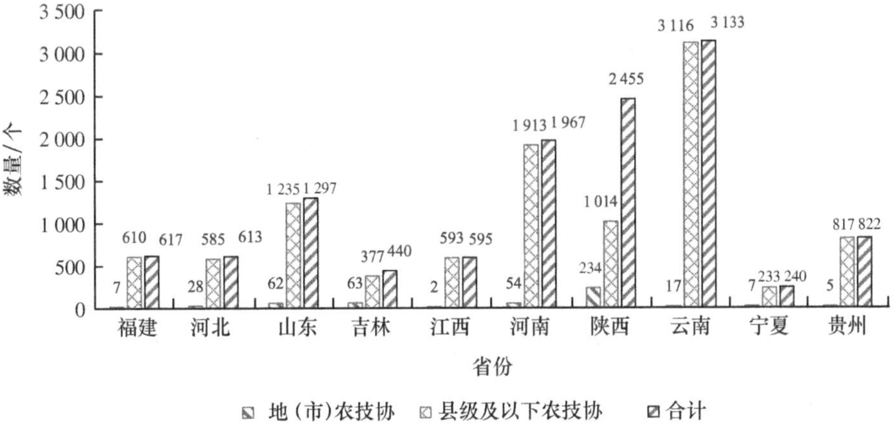

图 3-1　10 个代表性省份农技协数量分布

资料来源：根据中国农技协统计资料整理

---

* 本章作者为陈涛（农民日报社）、李阳阳（中国农业大学）、裘露寒（中国农业大学）。

① 借鉴既有学术研究进行区域划分。

协区域分布不均衡，省份之间数量差异较大。在农业产业化发展较好的地区，农技协数量较多、组织规范、带动性强；而在农业产业化发展滞后的地区，农技协的作用不够明显。另外，部分农技协内部管理规范、决策民主、组织机构和管理制度健全，能够有效开展活动。

第二节　农技协现有典型创新做法

一、党建引领发展模式

根据调查数据统计分析，10个省份中大约有37%的农技协成立了党支部，成立党支部的比例排名前五位的省份有河北、河南、江西、福建、宁夏，其中河北成立党支部的比例达到了75%，河南成立党支部的比例达到了47.65%，江西成立党支部的比例为40.43%。

农技协注重组织建设，在农技协内部成立党支部，坚持党建引领，把党建工作和日常业务有机结合，形成党建带动、积极作为、上下联动、共同发展的强大合力。党建引领，有助于把乡村农技协或专业协会建成普及科技与精神文明的重要阵地。受客观条件制约，大多数农民受教育程度较低，接受科技文化知识和新生事物较慢。乡村农技协骨干成员往往具有一定的科技文化基础，也是创业农民聚集度较高的群体。事实证明，农技协成立党支部能够充分利用好这个阵地，弘扬科学精神，积极培训骨干，广泛普及科技，充分发挥村党支部的政治和组织优势。

案例3-1：四川省成都市天府新区永兴镇水产养殖技术协会成立于1997年，通过20余年发展，协会会员由85户发展到2 018户，辐射带动农户11 320户，培育科技示范户1 370户，建科普示范基地6个，养殖面积52 500亩。在协会机构不断完善的前提下，2014年4月30日成立了党支部，形成了以“党支部＋协会＋合作社＋养殖户”的产业化经营模式。党支部建立以来，以“做强产业、带富群众、筑牢堡垒”为目标，主导建立健全协会运行、生产、商贸机制，扎实开展服务工作，更好地贴近群众、团结群众、牢固筑建起一座坚强的政治堡垒。通过辖区38名党员同志"一带三强"，由党员带动群众，实现了双赢双强，会员在生产经营过程中，面对转型升级、安全生产、科技使用、自主创新、扩能改造等无法解决的问题，党组织协调提供一对一服务，及时研究对策，协调争取政策、金融、财税等方面支持，切实解决渔农实际困难。目前，3名党员获得了科技示范户荣誉证书，4户帮扶对象脱贫致富，带动60余户农民走上"支部加协会，渔农得实惠"科学养殖致富奔小康之路。

二、突出重点和典型，推行以点带面发展模式

不平衡和不充分，是我国新时代发展中的主要难题。对于农业发展呈现出的显著地域性差异，各地农技协注重突出重点和培育典型。一是在中央政府奖补政策撬动引领下，各地农技协积极培育和扶持农技协龙头协会，打造一批主体多元、类型多样、跨区域、带动能力强的龙头协会。通过实施"科普惠农兴村计划"，每年在全国表彰一批科普工作成绩突出的农村专业技术协会、农村科普示范基地、农村科普带头人，并奖励一定数额的资金，通过以点带面、典型示范、以奖代补、奖补结合的形式，扶持获奖单位和个人不断增强科技辐射带动能力，使之成为做好农村科普工作的有力抓手，提高广大农民的科学素质和依靠科技实现增收致富的能力。调查显示，10个省份农技协对"科普惠农兴村计划"突出重点和典型的工作都比较满意（表3-1）。

表3-1 对"科普惠农兴村"计划的满意程度

"科普惠农兴村计划"满意程度	数量/个	占比/%
非常不满意	24	3.68
比较不满意	22	3.37
一般	180	27.61
比较满意	205	31.44
非常满意	207	31.75
未听说过	14	2.15
合计	652	100.00

资料来源：根据课题组调研数据整理。

二是在农村地区实行以点带面的发展模式。农户普遍看重节本增收的实际成效，在吸纳会员时首先选取有文化、善经营的种养殖能手，取得示范成效之后，再吸纳普通会员加入，从而不断壮大协会。

案例 3-2：广西壮族自治区玉林市农村专业技术协会成立于 2009 年 9 月，在玉林市科协指导下自主管理，实行民办民管民受益的运作模式，真正成为党和政府联系农业、农村科技工作者、科技致富带头人的桥梁和纽带。目前，协会会员单位中有 23 个农业龙头企业、32 个农民合作社、15 个家庭农场、36 个种养殖专业大户。该协会的特色做法在于建立科技志愿服务队，树立先进典型分队。2019 年 8 月，协会在推进机制改革的同时，组建了中国农技协科技志愿服务广西玉林分队，首期成员 15 名；理事长单位及各协会单位随后成立分队 22 支，拥有成员 150 多名，根据自身业务特点开展科技服务工作。据不完全统计，一年来，各科技志愿服务队共开展科技志愿服务活动 80 多期，服务农民群众 6 000 多人次。协会还评比表彰出中国农技协科技志愿服务广西玉林中农富玉分队、中国农技协科技志愿服务广西玉林容县自良镇沙田柚协会分队等科技志愿服务先进典型分队，成为其他分队学习的标杆和榜样。

三、多元化发展模式

经过 40 年左右的探索、发展和创新，农技协发展已颇具规模，形成了多元化发展模式。

具体来说，包含“协会＋农户”“协会＋支部＋农户”“协会＋合作社＋农户”“协会＋公司＋农户”“协会＋基地＋农户”“协会＋公司＋基地＋合作社＋农户”“协会＋公司＋合作社＋家庭农场＋专业大户＋基地”等运行模式。调研结果显示，“协会＋农户”模式所占比例最高，约为 20.86%；其次是“协会＋公司＋基地＋合作社＋农户”模式，约为 19.63%；第三是“协会＋合作社＋农户”模式，约为 19.17%（表 3-2）。

表 3-2 农技协运行模式

农技协的运行模式	数量/个	占比/%
协会＋农户	136	20.86
协会＋支部＋农户	49	7.52
协会＋合作社＋农户	125	19.17
协会＋公司＋农户	49	7.52
协会＋基地＋农户	55	8.43
协会＋公司＋基地＋合作社＋农户	128	19.63
协会＋公司＋合作社＋家庭农场＋专业大户＋基地	105	16.10
其他	5	0.77
合计	652	100.00

资料来源：根据课题组调研数据整理。

农技协与新型农业经营主体融合发展的趋势已渐趋明显。农技协与新型农业经营主体融合发展，有助于建立新型社会化服务体系，推进农技协组织转型升级，充分发挥农技协在农村科学技术传播中的作用。为适应农业现代化、农村信息化和城镇化发展要求，新型农业经营主体快速发展，组织模式持续创新，农技协与合作社、龙头企业等农业合作组织融合发展，形成了各具特色的组织形式。在发展中不少农技协已由原来单纯的提供技术、信息交流服务转向组建经济服务实体。

案例 3-3：福建省德化县淮山专业技术协会现有专业技术人员 10 人，会员 123 人，协会被评为“泉州市十佳农技协”“泉州市十佳科普教育基地”“泉州市科普惠农先进单位”。近年来，协会成立了院士专家工作站，抓管理、强服务、创市场、促增收，有效推动科技经济融合发展，提升服务乡村产业发展效能，形成了“协会＋专家工作站”的模式。目前，协会已服务 6 家专业合作社，3 家农业专业加工公司，拥有 1 个“科普惠农”服务站、5 个示范基地、10 多个服务网点，辐射全县 18 个乡镇 20 多个村，协会发展专业化淮山种植基地 1 500 亩，年产量 3 000 多吨，产值 3 000 多万元，全县发展淮山种植基地1万多亩、产值上亿元，形成了“协会＋合作社＋公司＋基地”的发展模式。开展“培育典型户、带动示范户、帮扶困难户、转化特困户”的结对帮扶活动，结成帮扶对子40个，发挥了显著的帮、传、带效应，形成了“协会＋支部＋党员＋农户”的运行机制。该协会形成了多元化发展模式，并且做到与其他新型农业经营主体融合发展，有效推进了农技协组织转型升级。

案例3-4：山东省临朐县养蜂协会成立于1985年，是临朐县最早成立的农村专业技术协会之一。经过近40年发展，现有会员228户，蜂群存养量20 000多箱，年户均收入10万元以上。协会年生产蜂蜜1 800多吨，蜂王浆120多吨，花粉、蜂胶、蜂蛹、巢蜜等20吨，产值超过5 000万元。为了解决协会成员产品销路问题，协会在1996年牵头兴办了山东康宝蜂业有限公司，2003年投资500万元新建厂房，将会员产品进行深加工，实现了大幅度增值。当前，传统生产模式已经不适应新形势要求，为了保证生产优质绿色（有机）蜂产品，满足国内外客户要求，协会积极联系各家蜂场，在蜂场分布集中地区建立蜂产品生产基地，实行养蜂协会统一管理、养蜂户分组生产的方式。协会为了掌握各基地动态，派专职养蜂技术员到各蜂场进行监督指导，切实做到统一发放用具、统一收购和统一处方用药，从源头提高产品质量。会员产品由公司统一检测，合格后将以高于市场价20%的价格予以收购。目前，公司已开发生产30多种系列产品，销售网络遍及全国20多个省市。协会创新建立实体企业，形成了“蜂农＋协会＋公司”的服务模式，实现了自身发展壮大，同时推动了养蜂事业升级。在解决销售问题的同时，协会还为蜂农提供技术支持。协会聘请国内外知名专家，通过现场讲授、举办专业学习班、专题讲座等方式，提高会员养蜂管理技术。多元化的创新发展模式，使得协会发展经久不衰，具有强劲的可持续发展能力。

第三节　农技协发展中的共性问题

一、经费短缺，自我供血能力不足

通过对河北、福建、山东、吉林、江西、河南、陕西、云南、宁夏、贵州10个省份的问卷调研，全面掌握了农技协组织发展中存在的突出问题。调研发现，10个省份中超过半数的农技协均反映存在经费短缺的问题和自我供血能力不足的状况，其中云南省问题尤为突出，反映存在经费短缺和自我供血能力不足的农技协达到了调研对象总数的84.69%（图3-2）。此外，在政策支持方面，10个省份均存在一定比例的农技协反映缺乏政府部门资金、项目、税收等方面的支持。

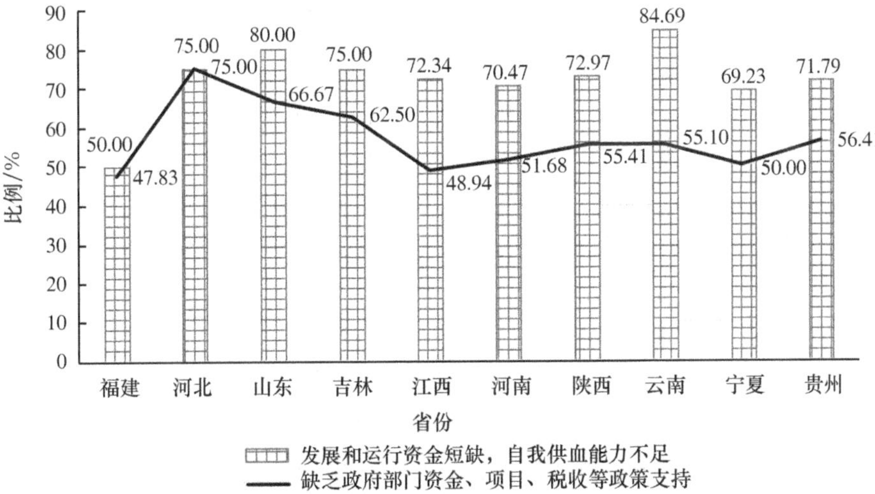

图3-2　10省份农技协存在经费短缺，自我供血能力不足状况

资料来源：根据课题组调研数据整理

调查发现，目前农技协经费来源的两个主要渠道是农技协自创营收和政府资助，除此之外还有一部分来自社会捐赠以及会费收入。首先，10个省份中的多数农技协反映自创营收是最主要的经费来源渠道，各省选择通过自创营收获取经费的农技协数量均占本省农技协总数的60%以上；其次，政府资助，各省反映获得过政府资助的农技协占本省农技协总数的30%左右，但是，河北省农技协反映政府补助较少，除自创营收外，捐赠及会费是经费主要来源渠道，河北省25%的农技协反映会费以及社会捐赠是经费来源主渠道；再次，农技协会费，10个省选择会费的比例平均在20%左右，其中云南省、贵州省选择会费的比例较高，分别占28.57%、23.08%，宁夏回族自治区、吉林省选择会费的收入比例较低，分别占3.85%、8.33%；最后，社会捐赠，10个省选择社会捐赠的比例平均在11%左右，其中河北省、福建省选择社会捐赠的比例较高，分别为25%、15.22%，江西省、山东省选择社会捐赠的比例较低，分别为2.13%、6.67%（图3-3）。

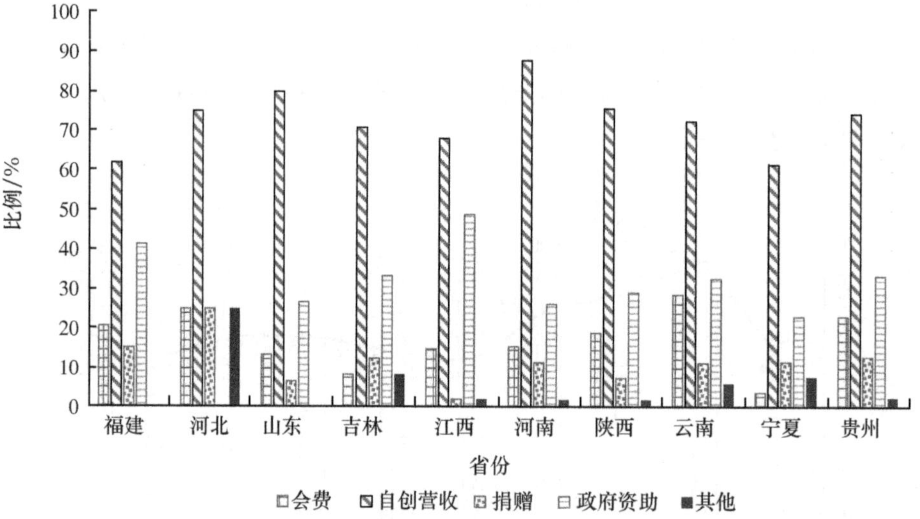

图3-3 10省份农技协经费来源状况

资料来源：根据课题组调研数据整理

大部分农技协由于坚持“民办、民管”的宗旨，其获得项目经费、信贷支持等的难度较大，税收优惠政策也相对缺乏，即使有关文件明确了对农村专业技术协会的优惠政策，但往往只是泛泛而谈，落实落地不够，这在很大程度上制约了农技协的进一步发展。政府资助一般作为农技协的启动资金，数额有限，相对于农技协拓展业务，进行农产品储藏、加工、销售所需的大量资金而言，简直是“杯水车薪”。农技协非营利性的组织特点，决定了农民自筹存在较大困难。农技协无固定经济来源，会费收取也十分困难，技术交流、技术服务又多是无偿的，大多数农技协没有积累或积累甚微，而作为主管部门的科协又无力支持，导致许多活动无法正常开展，影响服务功能、服务质量和凝聚力、影响力，无法有效破解会员或农户生产经营过程中出现的风险问题。

案例 3-5： 云南省双柏县 TDZ 食用玫瑰花协会成立于 2014 年，现有会员 58 人。协会主要工作包括玫瑰新品种选育及食用玫瑰生产种植技术讲解，从定植要点、生长期植株管理等多个方面为农户梳理食用玫瑰协会的种植管理标准，还针对食用玫瑰常见的灰霉病、白粉病、蚜虫、夜蛾等病虫害症状特征和防治方法进行实用技术推广普及，帮助广大农户储备病虫害防治知识，减少因病虫害造成的经济损失。但是，近年来由于经费短缺，协会举办的技术讲座、专家教授田间示范、科普活动等次数明显减少，固定资产设备等购置不足，农村专业种植户的科学素质和技术能力提升速度变缓，难以扩大协会的辐射范围。

案例 3-6： 河南省焦作市 WX 畜牧兽医协会成立于 2014 年，现有会员 80 人。协会成立以后缺乏政府部门资金、项目、税收等支持，存在经费短缺，自我供血能力不足的状况，近年来科技服务人才流失问题越来越突出。由于基层待遇低、条件差，原有科技服务人员除了一部分走上领导岗位，大部分转行到其他部门。而老科技服务人员改行的同时，即使面临就业困难的大学生也不愿进“农门”，科技服务人员队伍青黄不接，“失血”的同时又难以得到“补血”。科技推广任务主要由半脱产人员承担，由于基层待遇低、条件差，很多科技服务人员的工作积极性难以得到有效调动。农村兽医作为动物疫病防治的重要补充力量，在防疫中发挥着难以替代的作用，但农村兽医的待遇却非常低，且缺乏单独的农牧业科技推广经费支持，缺少仪器设备等必备设施，很多问题只能凭经验和感官判断，往往耽误了最佳防治时间。协会许多活动无法正常开展，降低了服务质量。这也是现有传统基层“官办”协会较为普遍的一种状态。

二、管理体系不健全，运行机制不完善

宏观层面，调查发现，农技协注册登记管理主要有民政、科协、工商等多个部门。一是民政部门。10 个省份中的多数调查对象反映民政部门是农技协最主要的注册登记部门，各省份在民政部门注册登记的农技协占到了各省农技协总数的 44%左右。个别省份有所不同，例如河北省的农技协在民政部门登记注册的占比 25%，工商局是河北省农技协最主要的注册登记部门，占比 50%。二是科协。各省反映在科协注册登记的农技协占据各省农技协总数的 36.5%左右。三是工商部门，10 个省农技协在工商局注册登记的占比在 14.6%左右，只有河北省的农技协在工商局登记注册的比例最高，为 50%，山东省农技协在工商局注册登记的比例最低，为 5.6%。四是有一部分农技协未曾注册登记。10 个省未曾注册登记的农技协占总数的 5.1%左右，其中福建省未曾注册登记的比例最高，占福建省农技协总数的 13.7%，云南省未曾注册登记的比例最低，占云南省农技协总数的 1.3%（图 3-4）。

其中，省级科协一般负责综合管理，民政部门主要负责登记管理，农业农村部门主要负责产业规划，工商部门主要负责经营管理，虽是多部门管理，但是缺乏有序发展必要的扶持和保障。

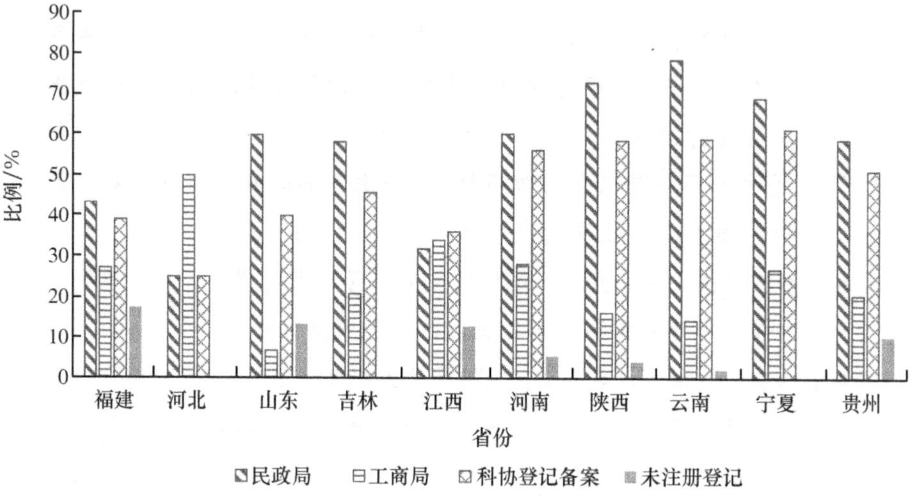

图 3-4　10 省份农技协的注册登记部门状况

资料来源：根据课题组调研数据整理

微观层面，调查发现，多数省份农技协存在定位不清晰、管理制度不完善以及协会发展权责不明确等问题，福建、吉林、江西、河南、云南、贵州等省份存在不同程度的该类情况。一是，这些省份存在农技协定位不清晰、管理制度不完善的比例占25%左右，其中福建省比例达到了41%，河南省此问题比例最低，为17%。二是，这些省份存在着农技协发展权责不明确的问题，占8%左右，其中吉林省占比为17%，河南省最低为4%（图3-5）。

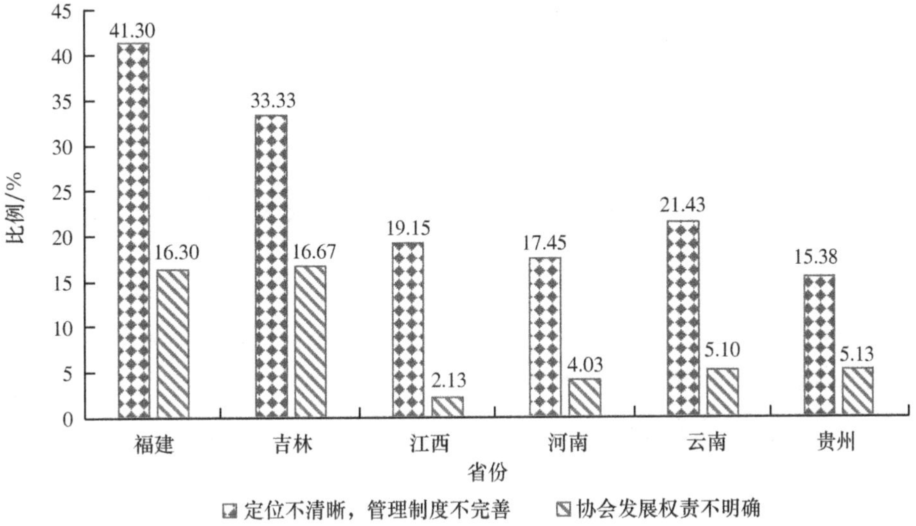

图3-5 10省份农技协存在的管理问题

资料来源：根据课题组调研数据整理

调研发现，农技协本身不同程度地存在着一些问题。一是，不少农技协主要是由龙头企业、专业大户或农村经纪人牵头成立，其管理运行仍然停留在“少数人说了算”的阶段，协会章程制度流于形式，缺乏健全的民主决策程序与执行机制。二是，农技协内部组织建设、议事决策、财务管理等制度不完善，管理体系不健全，存在无章可循或有章不循的现象。三是，农技协负责人权利行使得不到有效监督，农技协组织与会员、负责人及其所拥有的经营实体关系没有理顺，权利义务界定不清。四是，劳动力和人才外流，农技协缺乏领头人和生产、营销等专业人才，无法支撑起农技协的规范有序运行，影响了农技协的自身可持续发展。

案例 3-7：福建省 SNX 茶叶协会，现有会员 110 人。协会主要工作内容是以科技创新为动力抓发展，通过产业传播科技技能，让农民群众学以致用，充分调动周边农户生产积极性，带领大家从单一茶叶种植向科学种植和经营转变，走向共同致富。举办茶叶种植培训班，让茶农掌握茶叶生产专业技能。结合本地气候特点，以引进良种为突破，推广市场前景好的品种和技术，为农户提供种植产前、产中、产后统一技术服务，开展茶叶加工制作工艺培训班。该协会由合作社牵头成立，其管理运行存在明显的“少数人说了算”现象，管理随意性较大，协会的服务能力与可持续发展能力不足。

三、基层农技人员流失严重，缺乏专业技术人员

调查发现，多数农技协存在无法与科研单位建立持续、长久的合作关系，以及缺乏专业技术人员等问题，尤其是福建、吉林、江西、云南和宁夏。这些省份存在此类问题的农技协平均占比为 37%左右，其中云南省比例最高，为 45%，福建省比例较低，为 33%（图 3-6）。

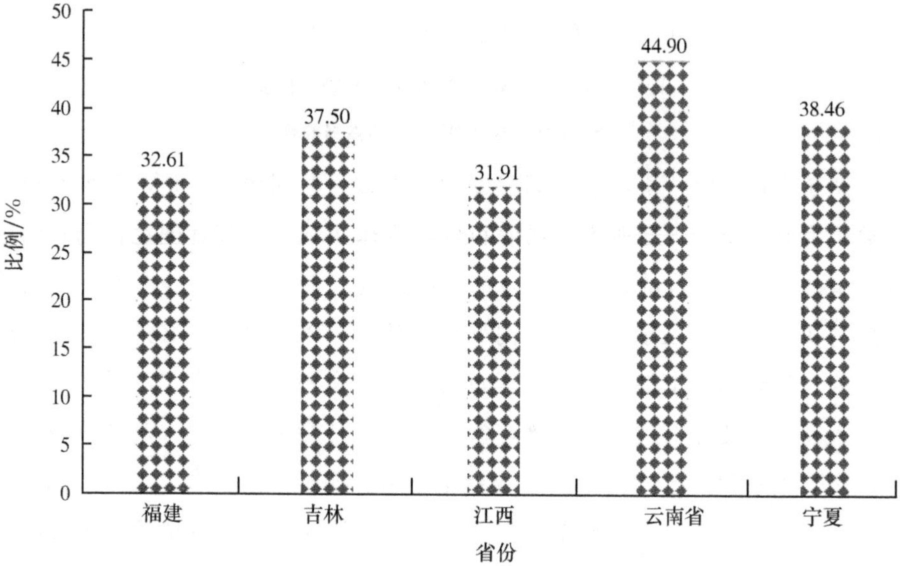

图 3-6　无法与科研单位长久合作，缺乏专业技术人员的农技协比例

资料来源：根据课题组调研数据整理

农技协缺乏领头人，缺少系统性的专业知识培训，缺乏有实力、懂技术的科技管理人才，造成农技协骨干队伍“青黄不接”。农技协普遍以各类“土专家”为核心，高层次专业技术人员严重缺乏。引导农业专家走入基层，走到田间，为农户传播科学知识和实用技术培训的工作机制不健全，协助解决生产问题、推荐科技成果和指导项目开发工作不到位。

案例 3-8： 云南省广南县 YF 养殖种植协会，成立于 2018 年，现有会员 60 人。协会主要提供肉牛、果蔬种养殖技术的开发、推广、咨询、营销，与科研机构开展合作，提高会员科技文化素质，为会员服务。协会在开展技术培训等日常工作时，多是通过农村“土专家”、肉牛养殖能手、果蔬种植能手为农户提供技术指导，向农户讲解经验性种养殖技术，缺乏专业技术人员，缺少系统性的专业知识培训。这是因为协会尚未与科研单位建立持续、长久的合作关系，缺乏技术层面的农业专家、管理层面的专业人才，从而导致农技协的发展难以满足新时代“三农”发展的需求，发展缓慢。

四、产业链较短，不能满足现代农业产业发展需要

调查发现，多数省份农技协存在难以满足家庭农场、专业大户等新型农业经营主体技术需求的问题，尤其是福建、河北、吉林、江西、云南、贵州。这些省份存在此类问题的农技协平均占比为 21%左右，其中贵州省比例最高，为 28%，江西省比例较低，为 17%（图 3-7）。

农技协服务内容往往以初级农产品生产为主，销售、服务功能发育相对不足，面向市场竞争的能力欠缺。目前基层农技协发展不平衡，特别是山区农技协大多从事种植、养殖等传统产业，生产规模较小，开发成效偏低，向后端延伸到产品加工、市场营销等领域的农技协组织占比低，难以适应市场发展的要求。当前，农技协组织开展的培训活动主要聚焦于以农业生产具体操作技术为主的第一产业，经过多年的培训和实际生产，农技协内部培养和聚集了大量掌握技术要领的“土专家”。但是，从调研情况来看，农技协相关培训涉及第二产业、第三产业发展的较少；并且，农技协内部骨干成员的思

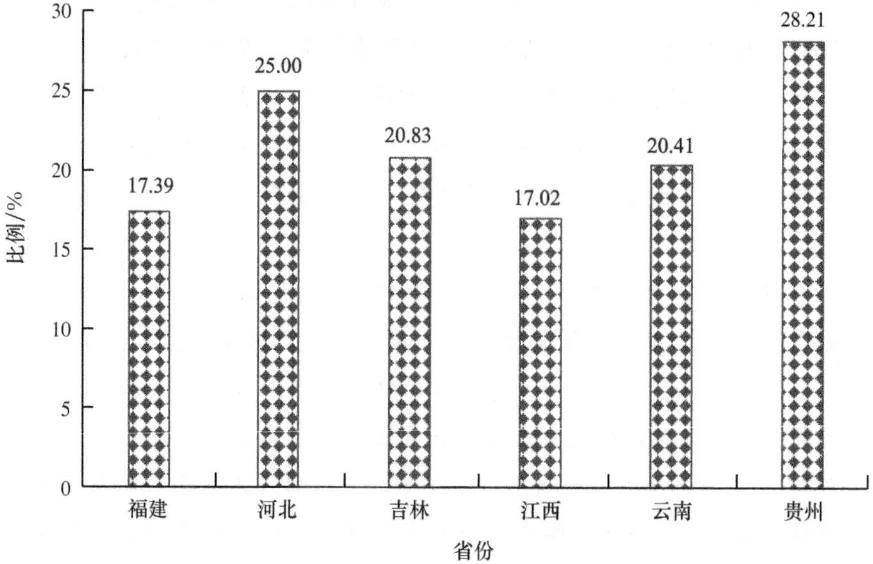

图 3-7　存在难以满足新型农业经营主体需求问题的农技协比例

资料来源：根据课题组调研数据整理

想不够解放，前瞻意识不足；信息化培训手段滞后，不能很好满足现代农业产业发展的需要。

案例 3-9：贵州省施秉县 JW 精品水果种植协会，成立于 2019 年，现有会员 50 人。协会通过推进水果新品种、新技术的开发和推广应用，为会员提供生产技术、经营管理、市场营销等咨询服务。总体来看，该协会的服务内容重生产轻流通，尤其是销售领域的服务明显滞后，尚未搭建农户对接市场的平台，导致优质水果生产出来了，但是销售渠道不畅、销售价格不高，不能有效实现果品优质优价、优品优购。

第四章 农技协推动农业农村发展的典型模式及经验*

第一节 农民自发组织型及其特点

农民自发组织型农技协是农民为满足自身需求自发建立的相关农技协组织。农民自发组织型的农技协模式有利于充分发挥不同特点农民的长处，将分散经营的农户联结成一个利益共同体，是广大农民在自愿互利基础上建立起来的互助合作性质的经济组织。这类协会往往从破解同一产业某一环节的突出难题入手，逐步扩散发展起来，其基本职能是为农户提供相应的全方位服务，从最初开展的单一农业生产技术咨询，到生产资料采购、农用物资供应、农产品销售、市场开拓等，协会的服务功能逐步丰富和发展，进而涵盖产业链上的各个环节。该模式降低了农民单独进入市场的成本，提升了农民在市场中的主体地位和交易谈判地位。农技协的成立，满足了农民摆脱小农经济束缚的需要，也满足了农户按产业组织起来的最初愿望。该类农技协凭借其灵活的机制和广泛的适应性，在提高农民组织化程度、推广科技成果、促进农业产业结构调整和带动农民增收等方面发挥了积极作用。

案例 4-1：江苏省南京江宁横溪瓜果菜专业技术协会，成立于2000年10月，后于2006年9月正式在江宁区民政局登记注册。该协会是横溪街道周边地区瓜果菜生产大户按照“自愿、自主、互助、互利”原则成立的社会团体组织，是会员进行生产技术培训、咨询、服务，维护会员安全生产，调动会员积极性，抵御市场风险，提高

---

* 本章作者为杨钰莹（农民日报社）、李阳阳（中国农业大学）、杨玉莹（中国农业大学）、裘露寒（中国农业大学）。

经济收入，促进瓜果菜生产发展的群众团体。协会有组织章程和组织机构，工作正常，发展迅速，现已吸纳2 300多个新型农业经营主体（其中：市级农业龙头企业1个、合作社33个、家庭农场6个）。协会累计引进新品种600多个，推广使用新技术13项，技术储备9项，进行技术培训61期，参培农户8 500人次，开展现场指导、解惑答疑20 000多次。2002年曾成功创办并组织首届“横溪西瓜节”，此后成为每年一度的盛会一直延续下来。目前，指导、帮助会员销售瓜果蔬菜8万吨以上，销售额达2亿元，会员年增收4 000多万元。通过农技协多年的不懈努力，横溪街道西瓜种植面积由原来的2 000多亩发展到4万多亩，蔬菜种植面积由原来的4 000多亩发展到6万多亩，农民收入由原来的平均每亩800元增加到1万多元，辐射带动周边农民7.8万户、种植瓜果蔬菜13万多亩。

第二节　能人牵头创办型及其特点

能人牵头创办型是农技协成立之初较为常见的模式之一。能人一般可以从资本方面来衡量，资本越多，就越容易被划归为能人。资本又可以分为物质资本（如个人或家庭财富）、人力资本（如技术、职称）和社会资本（如名声、信任）三个维度。受传统文化影响，农村社会的民营经济领域普遍存在父系制或族长制的明显特征。长期处于农村社会的农户依赖能人、重视传统社会连带的行为取向，是能人牵头创办型农技协发展模式的广泛社会基础。在农技协发展中，能人能够发挥领头羊的作用，充分发挥熟人社会的各种优势，切实为会员提供服务，通过给农户即时的好处、提供“互联性信贷合同”和信贷资金等服务，增加协会对农户的吸引力，从而吸引众多的农户加入协会，发挥规模经济、协作优势和品牌效益。

案例4-2：黑龙江省尚志市中药材协会，于2004年由药材种植技术能手刘德福牵头成立，成立以来，累计印发中药材种植技术手册20多万册，发放技术光盘7 000多张，为药材种植户提供有价值信息100多条，科普经费总投入接近20万元。2002年，刘德福为解决野生药材人工驯化问题，成立了尚志市首家农民中药材开发研究所，成功总结了“五味子全光人工育苗法”。近些年来，当选尚志市中药材协会会长的刘德福连续多年荣获省、市“科普工作先进个人”、黑龙江省“劳动模范”、黑龙江省“优秀农村实用人才”、黑龙江省“十佳农技协带头人”、黑龙江省“最美科技工作者”提名奖、黑龙江省“十佳科技志愿者”、全国科技助力精准扶贫先进个人等荣誉称号，还当选为中国农技协理事、黑龙江省农技协常务理事、哈尔滨市农民专业技术协会联合会副会长，被聘为齐齐哈尔医学院药学院兼职教授、哈尔滨应用技工学校讲师。

第三节　领办合作社壮大发展型及其特点

领办合作社壮大发展型是农技协的典型发展模式之一，这种模式常常利用基地把分散的农户集中起来，以合约的形式把农户的利益连接起来。农民合作社还能够为成员提供种养技术和销售等方面的指导，组织采购生产资料，开展种植技术引进、交流、培训和咨询服务等，该模式有助于提高农产品的知名度、扩大农产品的销售渠道，促进农民增收致富。在国家大力扶持家庭农场和农民合作社发展的当下，该模式更有其成立的必要性和较为良好的发展前景。

案例4-3：江西省吉水县园艺科学技术协会成立于2000年6月15日，是一家以井冈蜜柚、脐橙、南丰蜜橘、梨等果业生产、技术服务、销售为一体的社会团体。积极响应国家发展农民合作社的号召，采取“协会＋合作社＋基地＋农户”的农业产业化发展模式，于2009年9月创办了吉水县绿丰果业专业合作社，经营范围包括为本社成员提供果业种植、销售、生产资料购买以及相关的技术服务。合作社有果园面积5 400亩，年产果品200万千克，年产值600万元。通过发挥团队的公益奉献精神和凝聚力带领合作社全体员工共同发展，促进合作社获得良好业绩，2011年被评为吉安市优秀合作社，2012 年 1 月 7 日注册了“繁花开”商标，创建了自己的品牌，2013 年被评为“江西省省级示范社”，2015 年合作社组建了工会组织，2015 年 10 月 30 日获得了农业部颁发的无公害农产品证书。

第四节　龙头企业联动型及其特点

各类农技协发展模式中，因为其在一定程度上缓解了农产品生产与销售脱节以及市场供求不平衡的难题，龙头企业联动型组织模式发展速度较快，且作用发挥较为突出。龙头企业为农技协发展创造了机会、打造了平台、提供了渠道和品牌，帮助农技协汇聚资源、调整行动、创新研发、降低交易费用，进一步整合优势要素，推动分工合作。

农技协在维持原有职能基础上，与龙头企业合作，协助农户与龙头企业签订约束力强的标准化合同，以保证农产品品质和农户履约率；进一步突出“中介组织”功能，使龙头企业与农户成为利益共同体，调动了农户生产积极性，帮助农户分享其他环节利润。

案例 4-4：山东省潍坊市临朐县鹅产业协会，成立于 2020 年 12 月 7 日。临朐县将朗德鹅产业作为特色优势产业重点打造，目前朗德鹅年存栏量 300 万只，年产鹅肥肝 2 700 吨，占全国鹅肥肝产量的 40%以上。临朐县生产的鹅肥肝、肥肝酱等产品供应国内外高端餐饮业，实现了“小灰鹅、大产业”的发展目标。临朐县目前有一批专业化朗德鹅养殖加工企业，包括山东尊润圣罗捷食品有限公司、临朐东大鹅业有限公司、山东春冠食品有限公司等。其中山东春冠食品有限公司结合当地的自然条件，集朗德鹅养殖、屠宰、加工、销售于一体，采用法国鹅肥肝生产技术，运用掌握的鹅肥肝生产、加工工艺，与香港美心集团、盒马鲜生、上海沃尔玛等签订了常年合作协议，产品畅销北京、上海、深圳、香港、台湾等地区。龙头企业按标准化生产流程，进行分割、取肝、加工、包装，实现了产品的全程可追溯，并依托公司品牌优势和销售网络实现了优质优价、优品优销。鹅产业协会的成立，有利于更好地落实国家相关政策，便于政府、企业、养殖户沟通，创建和推介品牌，规范行业行为，促进全县鹅产业转型升级。未来，基于较好发展基础，成立区域特色产业发展协会，将是农技协转型提档发展和产业蜕变升级的有效路径。

第五节　科研院所融合型及其特点

在科研院所融合型农技协模式下，高校、科研院所的涉农科技人员和团队直接驻扎在农村生产第一线，在生产全过程中突出问题导向，围绕发现问题、研究问题、解决问题，为当地农民、企业等产业主体提供“零距离”、持续性的产前、产中、产后指导，推进农业高质量发展和乡村绿色发展。科研院所融合型的农技协发展模式是新时代农业科研、科技服务与人才培养的有机结合，通过“科协领导、院校实施、教师指导、学生常驻、多方支持”的组织方式，能够有力推动农业产业发展，促进农业增产和农民增收。

案例 4-5：江西省南昌市新建区农村专业技术协会，成立于 2019 年 5 月 28 日，现有会员 276 人，在成立之时，邀请江西农业大学吴南生教授为区农技协理事长郭小权教授等为常务理事、彭大勇副教授等为理事。为进一步加强与高校、科研院所合作，区农技协一是借力高校、科研院所成果转化，实行产学研联合，引进新品种，开发新项目，用先进、实用的科技知识武装农技协，带动其逐步走上组织化、规范化的发展轨道。二是利用高校科研、师资、成果等优势资源，与新建区本地专家组成专业技术服务团队，开展培训，促进会员科学素质提升。自区农技协成立以来，开展绿色水稻、蔬菜、果树、生猪、畜禽、水产等专题讲座十余次，根据会员和农户需求，组织专家团队技术服务对接活动十余次。在 2020 年初疫情期间开展春耕复产 6 次，指导 6 个乡镇水稻、蔬菜、畜禽、牛羊生产实践等，受到了各乡镇政府的肯定和会员、种养殖户的欢迎。三是充分利用高校科研组织的“科技下乡”“专家进村”和科技特派员以及科普之春、科技宣传周、全国科普日等活动，根据会员需求，确定主题、因地制宜、实用实效地开展群众性、社会性、经常性的科普技术培训。

第六节　农技协推动农业农村发展的经验

一、龙头企业联动型的发展模式经验

1. 实行技术创新，有效提高竞争力

技术创新能力是龙头企业成长的主要动力及自身培育核心竞争力的主要源泉。龙头企业联动型农技协将技术变化迅速和产品周期不断缩短作为特色进行商业竞争，因而龙头企业联动型的农技协具有较强的研究与开发能力，不断进行技术创新，形成了与众不同的技术，不断开发新的产品或提供更为优质的服务，为农技协适应不断变化的市场环境提供条件，从而提高产品的市场占有率，保持长久不衰的竞争优势。

2. 质量监控体系完善，品牌优势突出

产品质量是龙头企业生存并取得发展的保障，龙头企业通过建立高标准生产基地，统一投入品、生产技术和工艺，构建农产品质量追溯体系，能够有效提高产品质量安全水平。龙头企业借助质量监控体系对产品进行检测、评价、反馈与控制，确保产品质量能够在一定约束规则下产生预期效果。近年来龙头企业的质量监控水平不断提高，质量标准与检测手段不断科学化，使得一些产品质量已经达到了国际先进水平，企业的品牌优势不断凸显。

3. 市场信息敏感度高，产销衔接畅通

龙头企业大多拥有功能强大、反应灵敏、组织严密的技术与市场信息服务网络，借此龙头企业联动型的农技协能够及时得到权威的、准确的技术与市场信息，由此协会普及技术、安排生产、进行社会化服务等均带有很大的优势。龙头企业联动型的农技协通过准确把握市场需求、会员以及消费者的需要，及时地、有针对性地开展“三统一销”（产前统一购买农资、产中统一

生产标准、产后统一质量标准与销售价格，集中销售）等科技、经济、市场一体化的服务。此外龙头企业具有多元化的线上和线下销售渠道以及多样化的营销策略，使得产销衔接较为畅通。

二、科研院所融合型的发展模式经验

1. 结合实际，因势利导引进项目

农技协如何发挥联系高校科研院所与引进科研项目的能力，关键在于如何因势利导实施项目带动举措，尤其要对家庭农场与专业户实施有力的指导，要在充分分析具体情况的基础上，广泛联系高校科研院所开发的项目，实现供需对接，优势互补，利益共享。

2. 强化培训，提高劳动者素质

因地制宜，开展科普宣传、技术指导、科技帮扶等定制式科技志愿服务。定制式服务是一种常态化的科技志愿模式，是指根据县、乡农业企业及农民专业合作社对农业技术的实际需求，定点精准对接，点对点深入农村一线举办科普讲座，开展技术指导、技术培训和科技帮扶等服务。农技协注重建立与县市科协、农技协的联系反馈机制，根据当地科技需求，常态化开展科技志愿服务。

3. 发挥科技小院等平台作用，实施农业科技集成推广

充分发挥科技小院、学会服务站等平台的作用，"零门槛、零距离"开展平台式科技志愿服务。所谓平台式服务，就是利用科技小院、学会服务站等平台，集中优势专家、优势专业和服务，到农村一线、田间地头"零门槛、零距离"开展科技推广服务，实行整体谋划、精准对接，组织专家团队开展多学科、组合式、集成式的农业科技推广，发挥平台在当地农村的示范带头作用。

第五章　农技协与合作社发展的对比分析*

农技协与合作社的出现，均是为了帮助农民克服资源约束趋紧、信息技术分散、农业生产规模小、农产品经营化水平低、市场竞争困难等突出问题，从而实现相互交流、共同经营、抱团发展，联合起来抵抗自然风险和市场风险的目的。二者既各有其自身的独特性以及不同的社会属性和不同的发展场景，但同时，二者的联系也极为紧密，在某些环节可以实现优势互补，各取所长，各尽所能。

第一节　农技协与合作社发展现状对比

一、发展规模对比分析

从数量演变来看，两者发展趋势截然不同。由图 5-1 可以看出，合作社发展呈现稳步快速增长的趋势，而农技协则在 2013 年之后呈现快速下降趋势。21 世纪初期，全国农技协的数量基本稳定在 9 万多个，2009 年数量突破10 万个后呈缓慢增长的趋势，但从 2013 年开始农技协的数量呈现下降趋势，2017 年农技协数量开始迅速下降，2019 年更是骤降到 2.8 万个，截至 2020 年底，全国农技协的数量为 2.5 万个。相比之下，虽然 21 世纪初期合作社数量较农技协要少，但是 2007 年《中华人民共和国农民专业合作社法》实施以后，在政府强力推动下，全国合作社发展迅速，2008 年超过农技协数量，之后 10 年一直保持快速增长的趋势，2018 年开始合作社数量伴随国家质量规范提升政策推出而趋于平稳，2020 年全国合作社的数量为 222.1 万个，仍然是农技协

* 本章作者为姜昊辰（中国农业大学）、王玉斌（中国农业大学）、裘露寒（中国农业大学）、李阳阳（中国农业大学）。

组织总数的 90 倍。由此可见《中华人民共和国农民专业合作社法》的实施给合作社发展带来强大的推动力，但与此同时给农技协的发展带来了巨大冲击和挑战（图 5-1）。

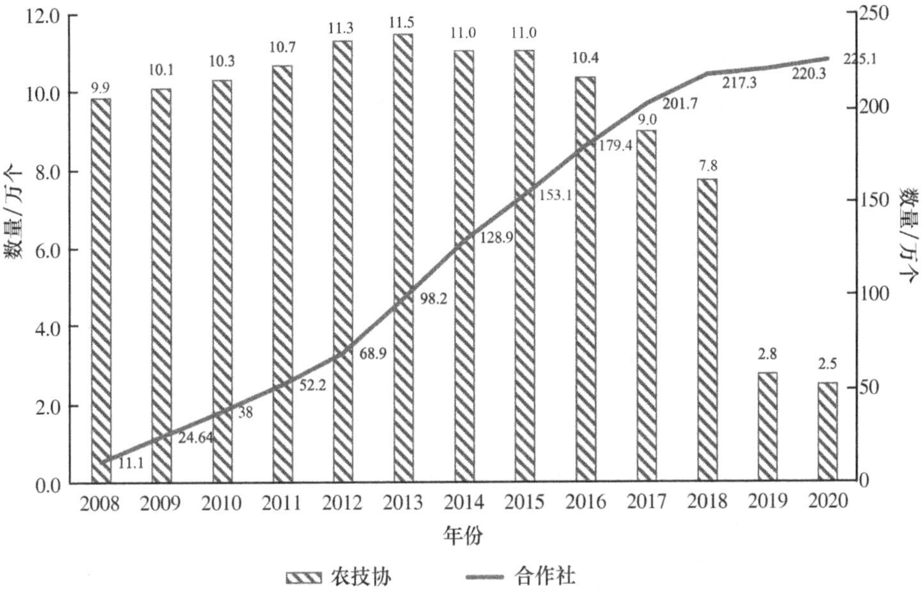

图 5-1　2008—2020 年农技协与合作社数量对比

资料来源：中国统计年鉴、中国科协官网

从地域分布情况来看，农技协与合作社分布都较为广泛。自 2006 年实施“科普惠农兴村计划”以来，全国农技协数量不断增长，服务内容不断丰富。根据中国农村专业技术协会统计数据，目前农技协覆盖全国 31 个省、自治区、直辖市。从农技协的数量及分布情况来看，主要集中在我国农业比重相对较高、市场化程度相对较低的中西部和东北地区。合作社的地区分布更为广泛，其中东部地区占 28.5%，中部地区占 30%，西部地区占 29.8%，东北地区占 11.7%。

二、产业类别对比分析

根据产业类别进行划分，可将农技协分为粮食种植类、果蔬种植类、畜禽养殖类、水产养殖类、生产加工类以及新型产业类（指传统、种植、生产加工类别以为外的类型，如旅游、休闲、工艺品制作服务等类型）等 6 个类别。课题组调查统计发现，截至 2020 年底，农技协数量共计 25 165 个，其中种植业类农技协数量最多，有 11 452 个，占比约 45.5%；其次是养殖业类农技协，有 7 553 个，占比约 30%；加工业农技协数量相对较少（图 5-2）。

合作社产业覆盖粮油、肉蛋奶、果蔬茶等主要农产品生产和其他各类特色种植、养殖农产品生产，其中 80%以上的合作社属于种养业类型。随着行业结构进一步优化，农机作业等服务业合作社增长趋势明显，占比已经突破 7.7%（图 5-3），并且，部分种养业主体基于自身资源优势面向社会开展了部分服务业务。近年来，合作社注重开发农业新功能、发展休闲农业、乡村旅游、民间工艺和农村电商等产业业态。

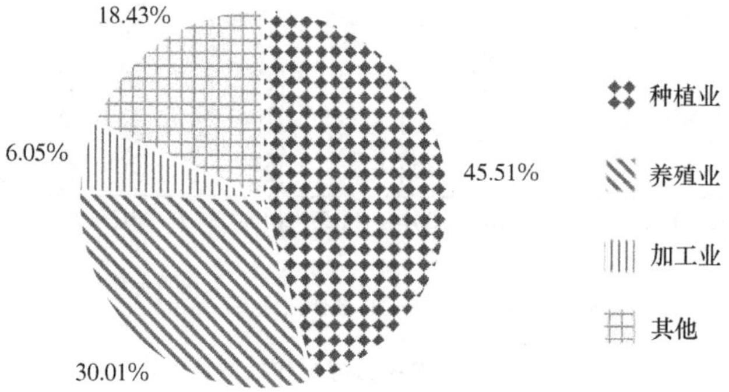

图 5-2 农技协产业类别分布

资料来源：根据课题组调研数据整理

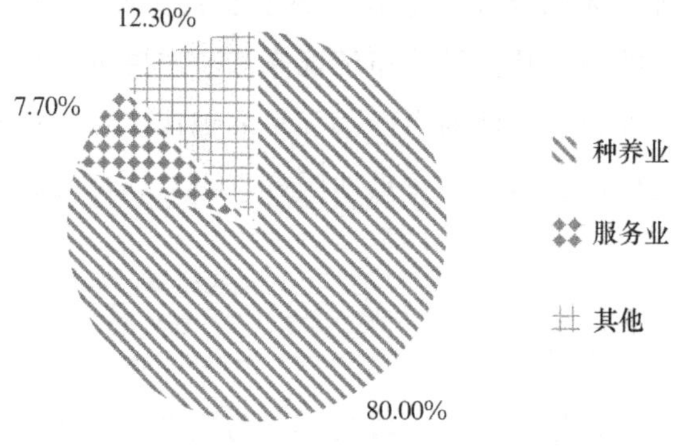

图 5-3 合作社产业类别分布

资料来源：根据课题组调研数据整理

三、服务类型对比分析

农技协服务类型的多样化趋势明显，最主要的有技术交流型、技术经济服务型和技术经济实体型三大类。技术交流型为农技协的初级形态，技术经济服务型是其中级形态，技术经济实体型为其高级形态。技术交流型农技协大多为村组组建，主要围绕农村专业生产开展技术和经验交流，产前针对生产中的重要环节开展一些服务，如良种选购、农资购进等；产中进行一些技术和管理上的指导，但产后销售、加工则是其薄弱环节。技术经济服务型农技协除了对会员及广大农户进行技术指导，开展技术培训和技术信息交流外，还为会员进行产前、产中的技术经济服务，如以优惠价格为会员提供良种、肥料、饲料、农药等配套服务。技术经济实体型农技协也称为“协会＋公司＋农户”型农技协，能够为会员生产的初级产品进行深度开发和加工增值，有效提高会员的经济效益，增强其抵御市场风险的能力，此类农技协的作用和影响较前两类农技协要大很多。

合作社主要分为8种类型：党支部领办扶贫类合作社、粮食规模经营类合作社、农产品加工销售类合作社、三产融合类合作社、农机服务类合作社、品牌果蔬经营类合作社、“三位一体”类合作社、“三变”改革类合作社。其中占比最大的类型是农产品加工类合作社，这类合作社主要是拓宽销售渠道，带领农户增收致富；占比第二的是粮食规模经营类合作社。习近平总书记指出，确保重要农产品特别是粮食供给，是实施乡村振兴战略的首要任务。扛稳粮食安全重任，守住粮食安全底线，粮食规模类合作社以主粮生产为主业，加强与成员之间的利益联结，推动合作社跨区域发展，实现了粮食产业化、规模化发展。

第二节　农技协与合作社促进农业农村发展的功能作用

一、农技协促进农业农村发展的功能作用

1. 开展技术培训活动，培育新型农民

农技协组织一直致力于举办不同类型的培训活动，为农民找到适用的技

术，通过线上线下相结合的方式科普知识。根据2021年课题组调查数据可知，农技协组织全年累计举办线上线下培训1万余次，涉及农户56万余人，农技协组织的服务类型主要是围绕种植、养殖、农产品加工、农产品销售，切实提高了农民文化素质和农民的经营管理能力。

部分农技协组织通过和高校、科研院所交流合作的方式，不断引进新技术、新品种，将新技术、新品种应用到农户种植过程中，调查的农户中，采用新技术后产值比原来增加0～10%的达到35.06%，增加10%～20%的达到33.28%，增加20%以上的达到20.56%，这可以看出，推广实用新技术，促进了产值的增加（表5-1）。对于引进新品种的农户，产值也有所提升，提升0～10%的农户占比36.09%，增加10%～20%的农户占比32.25%，增加20%以上的农户占比19.23%，对实现农民增收有很大的帮助（表5-2）。

表5-1　采用新技术后产值增加的农户数及占比

项目	人数/个	占比/%
没有显著变化	75	11.10
增加0～10%	237	35.06
增加11%～20%	225	33.28
增加20%以上	139	20.56
合计	676	100.00

资料来源：根据课题组调研数据整理。

表5-2　采用新品种后产值增加的农户数及占比

项目	人数/个	占比/%
没有显著变化	84	12.43
增加0～10%	244	36.09
增加11%～20%	218	32.25
增加20%以上	130	19.23
合计	676	100.00

资料来源：根据课题组调研数据整理。

在各县级农技协组织指导下，很多农技协与高校院所合作，建立了许多特色协会，各地农技协组织发挥自身优势，积极引进人才，聘请高校科研院所的专家教授为技术顾问，有些专家还定期进行指导培训，将科研成果转化为生产力。不仅促进了农技协的发展，还促进了当地特色产业的发展。

2．创立科技小院，实现互惠双赢

农技协组织通过建立科技小院，提供技术服务。科技小院的建立，带动农民致富增收，推动产业发展。2009 年，河北曲周白寨乡建立了第一个科技小院，协会根据地方农业产业科技需求，按照“科协领导、高校实施、教师指导、学生常驻”的模式推广建立科技小院，先后有 23 个省、自治区、直辖市的 29 家科研院所参与合作，45 个产业体系分别与地方政府部门、农资生产企业、农业生产企业等合作，建立了 127 个科技小院（赵晓峰和许珍珍，2019）。截至 2021 年底，全国一共建立 304 个科技小院。科技小院架起了科研人员直接联系农民的桥梁，实现了科技与生产、科研人员与农户、科研院所与农村的衔接，成为农业科技成果转化的重要平台。科技小院的建立探索出了农业科研新道路，在农业生产第一线中针对农业生产中的问题开展各项科研研究；创立了农业技术服务新形式，解决好技术服务“最后一公里”的问题；创新人才培养方法，通过科技小院培养了一大批乡土人才和新型职业农民。

3．助力乡村振兴，引领农民致富

农业的发展离不开科技的进步。实施乡村振兴战略是党的十九大做出的重大决策部署，是新时代做好“三农”工作的总抓手。乡村振兴首要是产业振兴，而科技创新是实现产业振兴的关键，这就离不开农技推广。农技协组织由农民自发组织，长期在农村，对于农村的种植生产状况十分了解，相较于政府来说更容易鉴别贫困户，能够有效帮助农户实现脱贫。近几年来，各地农技协组织几乎都深入贫困村中开展扶贫工作，通过实地调查，学习实践，各地农技协开展专题服务与扶持工作，都取得了良好的成效。各地在精准扶贫过程中注重科学思想、科学知识、科学方法的传播，使得农户运用科学思维解决现实问题。在扶贫过程中，农技协组织主动发挥作用，依托平台，解决农户所需要的资金、土地、人才等问题。因地制宜，充分利用当地所拥有的各项优势开展项目，与当地专家进行对接，发展特色农业，引领农民致富，达到良好的脱贫效果，助力乡村振兴。根据调查可知，农户认为参加农技协组织后收入有所提升的占比在76.01%。可见，基层农技协组织是解决农民科技需求，是农民获得技术、知识及信息的重要渠道，是推动实现农业现代化的关键。

二、合作社促进农业农村发展的功能作用

1. 农业专业技术得到更好的推广和应用

合作社能够引进和推广新技术、新品种，加快科技成果推广运用。合作社通过应用先进的科学技术，提高农户的生产效率，提高农产品的质量。作为一种集体经济组织，合作社可以将农户有效地吸纳到集体中，同时给予其一定的技术指导，使先进种植技术得到更好的应用，进而有效提高农产品的产量以及质量（李成成和李晓琳，2019）。合作社在遵循“成员以农民为主体”原则的同时，吸收技术部门和专业技术人员加入，从而更好地为农户提供技术指导。合作社还会和科研单位建立稳定的合作关系，使科技成为合作社发展的源泉和动力。合作社改变了过去小规模、分散经营的方式，采取有效措施集中主要力量，促进新型种植技术得到更好的推广和应用，实现农业的飞速发展。

2. 推动农业产业结构调整

合作社可以有效地集中零散农户，将其组织起来，使农业向着规模化、产业化方向发展。合作社是实现产业融合的关键力量，可通过配置农业与现代产业，实现产业交叉融合，推动“农业+”多业态发展模式。截至2020年底，全国共有222.1万个农民专业合作社，当年新登记17.1万个，总数已辐射带动将近一半的农户，成为乡村产业融合发展的坚实力量。从农业供给侧结构性改革切入，提高农产品供给的质量和效率，推进农业产业快速升级是产业兴旺的必然要求。合作社以其农业市场主体的角色，组织农民开展标准化、规模化生产，以优化产品结构，解决粮食安全问题来顺应市场变化。同时，地方政府通过指导合作社规划农产品的生产区域结构，推动农产品生产向优势区域聚集，充分发挥生产的地域专业化优势（吴瑞建，2019）。

3. 促进乡村建设，拓宽增收渠道

合作社通过组织技术培训和文化建设，提高社员素质水平，提升农民对

发展合作文化的认同感和参与感，培养具有服务精神的农民成为合作社发展的带头人，如吉林白城的凤丽美化植物种植专业合作社，不仅带领花农致富，每年还会为县里举办的运动会提供鲜花装饰，并为科技工作者和百岁老人送水果和鲜花，在当地树立了良好的社会风气，带动了乡风文明建设（刘冬梅等，2010）。合作社的发展充分利用了农村剩余劳动力，使得农村闲散人员减少，外出务工人员返乡就业，更好地建设和谐农村。

在分散的小农经济下，农民为提高农产品产量，过度使用化学肥料，导致农村环境污染和生态破坏，合作社通过示范效应，引领绿色发展，对农民生产进行指导，合理配置资源，通过环保的治理模式达到治理效果，促进美丽乡村建设。

随着市场经济的发展，零散的小农户无法适应市场竞争的需要，合作社通过统一生产技术标准和产品品牌，连接分散小农户，打造“农户—合作社—市场”经营模式，扩大农产品销售规模，拓宽农产品销售渠道。通过发展地方特色产业，逐步打造农产品区域公用品牌，提高农产品竞争力，增加农民收入。

第三节　农技协与合作社的政策支持力度

一、法律基础对比分析

农村专业技术协会作为非营利、非政府的社会民间团体，适用的法律是国务院 1998 年修订的《社会团体登记管理条例》，按照规定农技协应在各级民政部门登记。《社会团体登记管理条例》明确规定，社会团体是非营利的社会组织，不得直接从事营利性经营活动。非营利组织按照章程规定开展活动所取得的合法收入即为盈利，必须全部用于其章程规定的业务活动，不得在会员中分配。按照国际惯例，非营利组织注销后的剩余财产也必须按照国家的有关规定处理，不得转移或私分。

合作社则受《中华人民共和国农民专业合作社法》的约束。与非营利的社团法人不同，合作社法人是经营实体，可以进行经营销售、资本积累和利润分配，享受包括项目支持、资金融通和税收优惠在内的各种扶持政策。

两项法规的尺度相差很大，设立合作社仅需 5 名符合条件的农民或实体即可，而且没有最低出资额的限制。而成立社团需要 50 名以上个人会员或 30 名以上单位会员，而且要有不低于 3 万元以上活动资金的出资要求（石晓华和赵长春，2012）。

二、政策扶持力度对比分析

从政策扶持角度来看，农技协和合作社相差甚远。在农技协发展初期，政府出台相关政策主要目的是以鼓励农民之间多种形式的、自发的技术交流合作活动为主，这一时期的农技协组织处于一种“自生自灭”的状态。国家在宏观层面上肯定了农技协地位之后，其他配套政策纷纷出台，支持农技协在全国范围内构建技术服务体系，农技协在农业社会化服务方面取得突破。但 2007 年《中华人民共和国农民专业合作社法》的颁布，支持农民经济合作组织的发展壮大，对农技协造成了较大的冲击，合作社在资源与法律地位方面占据优势，农技协的发展速度降低、基层组织流失明显。这一时期国家政策倾向合作社，支持农技协与合作社共生发展。迄今为止，农技协始终没有明确的法律地位，国家对于农技协的相关政策多是以鼓励为主。大部分农技协是“民办、民管”的组织，得到项目经费、信贷支持等的难度较大，税收优惠政策也相对缺乏，即使有关文件明确了对农技协的优惠政策，但只是泛泛而谈，落实不够，这在很大程度上制约了农技协进一步发展。

反观合作社的发展，从 2007 年明确合作社的法律地位之后，相关配套的优惠政策层出不穷。各地政府不同程度地加大财政、金融、税收等方面的扶持力度，全面提升合作社带动农民增收致富的能力，主要包括税收优惠政策、金融支持、财政扶持、人才支撑政策等具体相关扶持政策。比如，各级政府所扶持的贷款担保公司要把合作社纳入服务范围，支持有条件的合作社兴办互助社；全面推进“农超对接”，减少流通环节，降低流通成本；支持有条件的合作社承担国家项目，将国家支持发展农业农村经济的财政专项和投资建设项目委托给有条件的合作社。通过以上分析可以看出，国家对于合作社的扶持力度较大，出台的相关政策也都比较细，更好地促进合作社的发展。

第四节　农技协与合作社发展的适应性

一、发展优劣势对比分析

1. 农技协发展优劣势分析

农技协是以技术为纽带的技术经济合作组织，以科技示范户和技术能人为核心，与科研院所、农业推广机构和学会建立广泛联系，开展技术服务和科技成果转化，实现科技与经济的结合。农技协组织具有中国特色和顽强的生命力，在农村科普领域培育新型职业农民具有重要的地位和作用。

农技协具有3方面的发展优势：包容性强、公益性强、技术服务性强。农技协组织包容性强主要体现在其是由农民自发组织起来，以成员会费支付运行成本，甚至有些组织不收取会费。由于其一般进行技术普及培训、宣传、示范、服务，进入协会的标准较低，能够满足农户低成本组织的期望，这种社团组织形式在一定程度上减少农民的风险和压力，所以组织覆盖范围较广，生命力较强，具有极强的包容性。公益性强体现在农技协组织是非营利性的社团，以技术为纽带，为广大会员提供服务。作为依法登记成立的非营利性科普社团，农技协是联系农村基层科普组织，发展我国农业和农村科普事业，推动农业科技进步的重要社会力量，以给予农民所需要的技术为目标，符合大部分农户的需求。农技协的技术服务性强体现在农技协组织以技术为纽带连接着协会和农户，农村的生产发展首要的就是农业技术服务，并且希望这种技术是实用性的、针对性的、手把手的，而农技协的出现便满足了农户的需求。

农技协的发展劣势首先就体现在其发展定位不清晰。一个组织如果自身发展定位不清晰，就会背离其发展方向。首先，由于部分农技协对经济效益的过分追求，在提供技术服务和追逐经济效益两方面摇摆不定，使得对其自身定位模糊，发展方向不明确。其次，农技协组织缺乏强有力的政府支持，一个组织的发展离不开政府的扶持，虽然国家出台了相关政策鼓励农技协发展，但这些政策的落实效果并不显著。最后，农技协组织化程度不高，部分农技协的事务仅由协会会长或者核心成员负责，普通会员参与协会活动的积极性不高，依靠少数人来运转，不利于农技协组织长期健康发展。

2. 合作社发展优劣势分析

相比农技协，合作社的优势也体现在3方面：竞争优势、保障优势、政策扶持优势。首先，合作社是实体化经营，有核心竞争优势。合作社以经济为连接纽带，能够将分散的小农户连接起来，形成一个与外部市场抗衡的联盟，保护农民利益，提高农民在市场中的竞争力和地位。其次，合作社是一个集体组织，有保障优势。它通过规模化、标准化生产，统一商标、品牌和销售，有力地促进了农业生产专业化和组织化发展，成为促进农村经济和农民增收的有效载体，显示出巨大优势。最后，合作社有健全的法律保障，随着国家相关政策的不断出台，合作社的配套制度体系建设也不断完善，政府在制定相关政策时会进一步考虑合作社的利益，所以对合作社的扶持力度不断加大。

合作社的发展劣势首先体现在其运行机制不规范，目前来看相当一部分合作社虽然有规范的章程和明确的分工，但大多流于形式，运行机制不规范且管理体制不健全。其次体现在其品牌建设不足。合作社注册商标的随意性大而且品牌核心竞争力不强，缺乏特色，市场占有率低。

二、发展适应性总结分析

农技协是社团组织，侧重于农村技术服务，合作社是面向市场的经济实体，二者各有所长。

通过以上分析发现，农技协在农业产值比重比较大且农业市场化程度较低的地区发展态势较好。农技协组织作为农民专业合作组织的重要组成形式，已经形成了自身工作特色，得到了农民的认可。但由于种种限制发展一直受阻，近些年来也不断转型升级，不断与其他组织融合发展，创新组织形式。农技协属于社团组织，对入会农户没有财产要求，限制较少，但农户可以通过加入组织学习到技术知识。针对农民的非营利性技术推广服务是农技协组织的适应性优势所在。

合作社是面向市场的经济实体，更注重经济效益，相对农技协来讲其最大的发展优势在于政策扶持。组织的发展离不开国家政策的支持，合作社可以通过政府给予的相关政策、资金和项目，整合自身资源，不断吸引人才，还可以与科研机构、高等院校合作，加快农业科技研发和推广，带领农民增收致富。

从减少农民风险和压力的角度看，社团组织形式比较好，从开拓市场角度来看，加入合作社是更好的选择。由于基本性质不同，决定了农技协的门槛较低，成员规模要大于合作社；合作社则规定了农民必须入股，通常只有少数具有风险意识的农民才会参加。

目前来看，农技协与合作社都是农民需要的组织形式，其融合发展才是正确的方向，两者采取合适的利益联结方式开展联合与合作，可以做到优势互补，农技协已经具有较完善的组织体系，而且积累了丰富的农业技术推广经验，合作社作为经济活动的实体，有明确的经济活动内容和技术需求目标，并且有一定的经济基础，两者融合发展，充分利用自身资源，形成利益共同体，共同促进农村社会和谐稳定发展（邸君珠和陈阿兴，2022）。

第五节　农技协与合作社组织模式的创新

一、农技协组织模式创新

1. “协会＋龙头企业＋合作社”模式

农技协和合作社都是民办、民管、民受益的社会组织，又有各自的职能和特点，一个以技术服务为主，一个以生产经营为主，农技协是以技术为纽带的互助性社会组织，合作社是以经济为纽带的互助性经济组织。农技协以广大会员和农户为服务对象，围绕生产中技术难题开展科技培训、协作、服务；合作社是以其成员为服务对象，为其提供生产资料购买，农产品销售、加工、运输、储藏以及经营信息等方面服务，二者是农民组织化的两种不同合作形式，相互间不可替代。农技协与合作社是现阶段农村组织化程度较高的两种农民合作组织形态，它们的专业性、互助性等属性具有同质性；二者是农村基层自治性组织，其自治性、自主性等属性也具有同质性；服务对象都是农民，发展目标都是为了农民致富奔小康。

该模式形成主要有两种，一种是在协会发展过程中，协会带头人或理事以上的核心会员建立企业或合作社；另一种是协会与全产业链的企业和合作社进行合作，成立行业联会或新的协会形成相互促进的利益共同体。随着规模增大，合作社或企业一般成为团体会员。协会、合作社、企业等能够在全产业链开展合作，团体会员在产业链的不同阶段发挥优势，普通会员为协会提供合格产品。团体会员能够从经费上支撑协会的发展。若协会运行较好，会对一定区域内行业产生影响。但是，随着规模扩大，协会组织结构多样，需要进一步完善组织结构和运行机制，提高管理能力。

该模式下，首先，农技协通过高效优质的科技供给来驱动、支撑着合作社的互助经济发展，提高公司的科技供给率、转化率和农产品的科技含量，从而取得经济社会效益；其次，农技协孕育催生了合作社、公司，同时又依托合作社和公司发展，合作社反哺滋养农技协发展；最后，公司为农技协的新技术、新成果研究试验基地提供资金和生产资料，支撑农技协、合作社长远发展。三者形成利益共同体，农技协起科技供给作用，合作社起实体基地作用，公司起经济支撑作用，形成良性协同发展的新机制。

2. “农技协＋农技推广部门＋科研机构”模式

长期以来，农业科研单位和高等院校在农业技术研发和推广方面发挥着重要的作用。科研单位是一支重要的农业技术推广力量，其以自身科教优势和科研成果为依托，将科学研究与地方农业产业结合起来，通过项目经费支撑，进行成果转让、技术承包、技术开发、咨询服务、科技示范等活动，是科技成果的主要供给者。

农技推广部门通过服务新型农业经营主体，使科技转化为生产力的速度加快、效果增强，同时以点带面的示范效应也十分显著，可以带动更多的农户采用新技术。这样不但使新型农业经营主体自身受益，也使众多农户跟着受益。

农技协组织在我国农技推广中起着重要作用，联结着最基层的技术服务人员和广大农民群体，是解决农村地区农业结构调整难、农产品销售难、农业科技推广难等问题的重要抓手，其主要目的是服务农民，解决农民在生产生活中遇到的问题。

首先，科研院所在创新成果、信息获取、科研基地建设、专家指导服务、现场技术培训等方面给予基层农技推广部门与农技协以新技术、新成果、新信息来源与支撑。农技推广部门起到联结高校科研院所与农技协组织的桥梁作用。其次，基层农技推广部门在科普示范基地建设、科技示范户认定、技术人员培训、信息化服务手段改善以及主导品种、主推技术遴选发布方面给予农技协以支持与政策倾斜。最后，通过农技协加大农业生产的科技供给率，加快了技术物化速度，提高了农产品技术含量，从而提升了农技协科技供给水平和人才队伍水平，促进了农技协健康有序发展。三者之间合作是“各司其职、各有侧重、联动协作、互惠互利”的运行机制关系。

二、合作社组织模式创新

1.“龙头企业＋合作社”模式

龙头企业按市场经济规律办事，以追求利润最大化为主要目标，合作社作为主要的原料和半成品供应者，与龙头企业的联合过程中不仅可以从中获得先进的生产、加工技术，还能从中分享更多先进的管理理念和管理方法，两者既是相对独立的经济组织，又是紧密的合作伙伴，共享农业产业化成果。合作社可通过龙头企业的品牌建设带动合作社发展，也可以通过双方品牌建设加强合作，提高双方知名度，增强两者在市场上的影响力，形成较为紧密的利益共同体，促进双方的长期合作和可持续发展。实践中，“龙头企业＋合作社”模式主要有以下2种类型：

“龙头企业＋合作社＋农户”模式。龙头企业主要是指实力较强的农产品加工流通企业，它们在行业中具有较强的影响力和带动力。龙头企业带动农民建立合作经济组织，在企业与农户之间形成稳定的合作关系，这样可以发挥各自的优势，三方均可获益。对于龙头企业，可以减少交易费用，保证原材料的品质和稳定供应；对于农户，由合作经济组织出面代表全体社员与企业谈判，有效弥补了单个农户实力弱的缺陷，提高了农户的市场谈判地位，同时降低了市场风险，使农户能够分享农产品加工和销售环节的利润；农民合作经济组织作为连接龙头企业和农户的桥梁，使龙头企业先进的技术和管理模式等要素延伸到农户的种养过程，通过合作经济组织使广大农户按照标准化的生产方式进行生产，这样不仅可以提高农户的生产效率，并保证农产品的质量，而且可以大幅度增加农户的收入，从而吸引更多的农民参与，有效提高农民的参与率，增加合作经济组织的影响力。

该模式主要靠龙头企业的带动作用，属于龙头企业联动型中的一种方式，龙头企业主要负责产品的深加工、销售及农产品原料生产的技术指导等工作，农民合作社负责协调作为生产者的农户，合作社的加入使得长期的博弈出现了新的均衡，农户的谈判地位有所提高，利益分配趋于合理。众多农户加入合作社，由合作社统一与龙头企业进行商谈，签订合同，降低了交易成本和风险负担。

“行业协会＋龙头企业＋合作社＋农户”模式。当前农业产业化处于较成熟阶段，龙头企业与合作社在规模带动作用等方面都有较好的发展，作为农户利益代表的合作社与企业之间的地位基本平等，双方追逐利益，可能会导致交易成本的急剧增加和市场效率的降低，所以第三方组织的介入十分必要。随着农业产业化的深入，产业化主体之间相互联结的趋势日益明显，我国目前已经成立了许多协会，协会的主要功能是服务，为众多的企业和合作社提供先进的技术和相关政策咨询，进行市场调研、规范经营行为以及化解双方矛盾。

该模式使得交易成本更低、农产品市场更加规范，促进企业和合作社健康发展。合理的分配机制使得农户可以分享农产品增值收益，收入分配也更加合理，农民收入水平也在不断提高。

2. 联合社

农民合作社联合社是实现小农户与现代农业发展有机衔接的重要组织载体。2019 年中共中央办公厅、国务院办公厅联合发布《关于促进小农户和现代农业发展有机衔接的意见》，明确了联合社在促进小农户和现代农业发展有机衔接方面的重要地位，强调了合作社走向再合作对提升小农户合作层次与规模的重要作用。联合社并非合作社之间的简单规模加总，而是深层次的要素、产品、产业等多维度的再合作，是能够节约交易成本的新型治理结构，解决诸多单个合作社所不能解决的问题（孔祥智和黄斌，2021）。在联合社内部，成员社之间构成了一个生态圈，既相互依赖、共同进化，也相互博弈。

成员社根据其占有的资源、能力禀赋等选择联合对象，并依据其资源占有量和能力配置状况来确定其在联合社内部的角色与分工，以及其资源配置位序和合作方式。

联合社带领农民开展农业附加值高的农业生产活动，让农民可以在市场中获得更多的利益，激发合作社的发展动力。联合社可以有效整合各种农业资源，促使各合作社能够形成一股合力，让农民获得更多资源，拓宽增收渠道（宋中丽，2019)。同时联合社将各成员社市场空间整合起来，不仅扩展了市场容量，而且拓宽了市场辐射范围，显示出明显的空间溢出性，推动市场空间动态扩张。

3. 农业产业化联合体

从农业产业化联合体的组成来看，包括农业龙头企业、农民合作社和家庭农场等三类不可或缺的经营主体。例如，安徽省宿州市在确认联合体资格时，要求必须由一家农业龙头企业牵头以明确责任，并由至少一家农民合作社和 5 家家庭农场共同发起，其中农民合作社必须是通过认证的新型农业经营主体，而家庭农场则需工商注册，联合体成立之后实施动态管理策略，每隔两年重新进行资格审定，如存在违法违规行为将予以注销。在联合体中，各成员依据自身的比较优势承担相应的产业链环节，最终形成以农业龙头企业负责农产品加工和流通、农民合作社专注于农业社会化服务、家庭农场从事农业种养的产业链，每个成员地位平等、加入自愿且退出自由。

在联合体内部，不同的经营主体之间形成了正式或非正式的契约关系。联合体成员之间签订了与农业生产和农技服务相关的协议，确立了生产资料和农技服务的供求关系，形成了三方共赢的交易体系。同时，农业龙头企业为资金紧张的家庭农场提供生产资料时可以先行垫付资金，在收购农产品时再予以抵除，也能为家庭农场提供贷款担保，而家庭农场则以土地承包经营权转让和待收获粮食提供反担保。如此一来，联合体内成员之间构建起稳定的契约关系，与成立组织前相比，成员之间不再是简单的买卖关系，而是稳定契约下的长期合作伙伴关系，进而节省了大量的“搜寻成本”和烦琐的“选择成本”，各类成员只需集中精力做好自身业务即可（周晓，2021)。

农业产业化联合体通过分工与合作实现共赢。在相互的合作和博弈之中，充分发挥各主体的比较优势，同时农业产业化联合体也使得信息交流更有效。联合体以市场为导向，通过技术手段，充分了解市场需求，并调整相关行为和决策。龙头企业经过研究和判断后，调整产品的销售计划，并通过合作社发布内容和生产标准。对于农民来说，农民在企业和合作社的相关指导下，进行统一生产会降低其风险，有效运用相关经验来提升收益，降低成本并收获利益。因此农业产业联合体能有效连接各市场主体，并使信息传达更为顺畅，使加盟者都按照标准进行生产，提高容错率，降低成本。农业产业联合体以分工和协作为前提，以利益为纽带，从横向和纵向两个方面向外延伸产业链，寻找更多的企业加盟和合作（韦德贞和李冰，2021）。

第六章　农技协发展面临的挑战与机遇*

第一节　农技协发展面临的挑战

一、农技协向多种组织形态演化

通过问卷调研，结合相关资料分析发现，农技协近年来数量衰减的根本原因在于《中华人民共和国农民专业合作社法》出台后在一定程度上加速了农技协向多种组织形态的演化。2007 年底以来，农技协与合作社“一套班子两块牌子”的现象屡屡出现，部分农技协出于趋利的动机直接转变为合作社，其在组织内部成立合作社或其他经济实体来解决自身运行成本不足的问题；部分农技协还转制为股份制公司或私营企业，组织差异化现象十分突出。此外，随着时代的发展农技协不能完全适应新时期“三农”全面发展需要，这也是农技协数量衰减的重要原因之一。

二、区域内部缺少沟通联系，区域之间发展不平衡

目前，全国农技协的数量为 2.5 万余个，涉及行业包括蔬菜、畜牧、林果、水产、养殖等二十几个门类，其中同行业协会很多，但由于缺少统一的农技协管理协调机构，同地区的同行业农技协之间几乎没有交流，这严重影响了农技协的联合化、规模化、产业化发展，致使一些规模小、技术弱的农技协很难得到足够的技术指导和帮扶支持。同地区或同行业的农技协之间缺乏有效的交流合作，无法达到互通有无、共同发展的目的，农技协的市场风险抵御能力弱，农技协科技信息服务体系和公共管理服务体系不完善。区域

* 本章作者为王玉斌（中国农业大学）、李阳阳（中国农业大学）、杨玉莹（中国农业大学）、裘露寒（中国农业大学）。

之间农技协的发展很不平衡，四川、云南等地农技协数量较多，达到 3 000 多个。甘肃、西藏等地农技协数量仅有十余个，不同地区农技协数量分布差异较大，发展不均衡。

三、基层农技协技术供给效能低，难以满足生产经营主体需求

现阶段农技协提供的服务更多侧重供给端，从需求端角度考虑农户需要的科技服务较少，农户的需求往往被忽视。在实际的农业技术服务过程中，目前农技协依旧是服务主导，农民对于技术服务内容的制定参与较少，导致服务存在供需不匹配的现象，存在科技服务浪费和低效的问题，难以发挥技术服务的成效。这也是目前我国农业技术服务收效甚微、相关组织与活动泛社会化诟病的突出原因之一。长期以来，服务供给的质量、效率、内容等与服务需求之间不匹配是农技协技术服务体系的主要矛盾。

一方面，种养大户、家庭农场等新型农业经营主体不断涌现。与传统农户相比，他们兼具服务供给方与需求方的双重角色，在生产中对实用性强、成熟度高的新品种、新技术、新材料、新机械、新模式的需求更为旺盛，对个性化、多样化和差异化的私人定制技术服务也有强烈需求。另一方面，随着现代农业产业的转型升级，诸如经济作物、果树、种养结合等新产业或特色产业迅速发展，相较于传统产业，农户在从事这些新产业的生产时面临更多的不确定性，特别是价格风险及政策风险，一些产业的生产还需要大量启动资金等要素注入。相比之下，面对金融贷款服务、农产品销售服务、农产品价格信息服务等日益增长的需求，农技协相应的供给却未能及时跟上，很多农户缺乏获取相关技术培训及信息咨询服务的渠道。

调查显示，目前我国农业技术服务方式在服务领域上主要还是“产中”服务，特别是种植、养殖和田间管理技术方面，“产前”和“产后”服务较少，在服务推广品种的选择上重点以作物和畜牧良种推广为主，以提高产量为第一目标，服务的内容十分单一，集中于提供良种、统一浇灌等简单的种、养技术指导。基层农业技术服务人员大多也只能解决“怎么种”的问题，对于需求预测、市场走向、销售价格等方面问题的把握远远不够，满足不了农民全方位的要求和全过程服务的愿望。

随着市场经济的不断发展和人们日益多样化的消费需要，农民对产品的质

量和安全要求越来越高，农民的需求逐渐由“产中”服务向“产前”和“产后”扩延，品种的选择也转向了那些具有高附加值和高经济效益的作物，技术也由高产技术转向高质技术。随着农业生产力水平和农产品商品率的提高，农民与市场的关系更加紧密，农民对经营规模、生产资料、市场信息、融资等方面的需求不断增加。农技协的主要会员是普通农户，生产规模小，他们的承包田收入已不是其家庭收入的主要来源，他们对纯农业技术的内在需求不大，迫切需要“产前”和“产后”服务。农技协进入农产品流通领域存在着短板，难以独立完成面临的新任务。农技协提供的服务与农民的需求是脱节的，无法适应农民生产与生活的新变化，缺乏对市场变化的灵活性和适应度。

四、缺乏有效的利益联结机制，协会可持续发展能力不足

运行资金是制约农村专业技术协会发展的一大瓶颈，而农村专业技术协会受公益性和非营利性社团属性的影响，农村专业技术协会对农户的服务都是免费的，缺乏依靠自身积累实现规模发展的能力，会员们都不愿把过多的资金投入到协会的发展和运行上。并且，农村专业技术协会还必须到民政部门交纳一笔注册登记费，每年年审也要缴费，致使大部分农村专业技术协会都存在资金短缺、日常运行困难的问题，从而在一定程度上影响了农村专业技术协会的服务功能和示范带动作用（陈诗波，2010）。尚未形成有效的农技协与会员、小农户之间互惠互利的利益联结机制，农技协与小农户“一头热、一头凉”的情况也不同程度存在，有的农户存在“等靠要”思想，只顾眼前利益、拿到现钱，不考虑长远发展。

五、缺乏明确的法律地位以及有力的政策支持

从世界范围来看，凡是农村专业技术协会发展较好的国家，都建立了比较完善的农业合作法律体系。欧洲的合作社建立时间较早，德国制定的《合作法》已有150多年的历史，法国政府颁布了各种农民合作社的章程，建立和发展有法律保障和严格而明确的规定。日本颁布《农业协同组合法》，通过法律的形式确定了农村专业技术协会的特殊地位（李咏涛和李东明，2004）。目前，我国尚缺乏一部规范农民合作经济组织关系的统领性法律，《中华人民共和国农业法》只对农民专业合作经济组织进行了原则性规定，《中华人民共

和国农民专业合作社法》只对农民专业合作社做了相对详细的规定，没有涵盖包括农村专业技术协会在内的其他农民专业合作经济组织。农村专业技术协会的法律地位不明晰导致其成立、登记注册、解散和组织的性质、宗旨、服务无法可依，在经营资格、银行贷款、税收抵扣、商标注册等方面都不同程度地遇到了困难，不仅给其经营活动带来种种不便，也使其合法权益难以得到保护。缺乏相关的法律依据是影响当前农村专业技术协会健康发展的关键性问题（黄永伟，2010）。

随着农村专业技术协会的发展，国家有关部门以及各省区市都先后发布了扶持政策文件。尤其是中国科协、财政部于2006年联合实施开展的“科普惠农兴村计划”，山东省科协、财政厅配套实施的“科普惠农示范工程”以及科协组织开展的“优秀农村专业技术协会评选表彰活动”等，都极大地推动了农村专业技术协会的发展。但是从大环境来看，虽然各级科协从自身的业务角度实施了农村专业技术协会、科普示范基地和农村专业技术协会带头人的表彰奖励，并给予了一定的资金支持，但是政府财政支持非常少。大部分农村专业技术协会由于是“民办、民管”的组织，得到项目经费、信贷支持等的难度较大，税收优惠政策也相对缺乏，即使有关文件明确了对农村专业技术协会的优惠政策，但只是泛泛而谈，落实不够，这在很大程度上制约了农村专业技术协会的进一步发展。

第二节　农技协发展面临的机遇

一、宏观上：结合科技与产业，助力乡村振兴战略

党的十九大提出了乡村振兴战略，乡村振兴首要的是产业振兴，而农村产业的发展离不开科技。为了使科技有效地助力乡村振兴战略，基层科协组织的改革势在必行，隶属科协组织的农技协一般建立在产业基础之上，在乡村振兴中，基层农技协工作可以做到科技与产业的良好结合。党的十九大报告明确提出要培养造就一支懂农业、爱农村、爱农民的“三农”工作队伍。基层科协可以围绕当地产业的发展，通过用好“骨干”人才、培育“本土”人才等方式，培养一支能够带动百姓发展产业、实现增收的“一懂两爱”人

才队伍，建立农村人才造血系统，助力乡村振兴战略（陶建群等，2019）。党的十九大报告还提出要“培育新型农业经营主体，健全农业社会化服务体系，实现小农户和现代农业发展有机衔接”。基层农技协在基层科协的扶持下可以将科技与产业进行结合，将小农户组织起来进入市场，这是小农户和现代农业发展有机衔接的重要努力方向，是乡村振兴战略落地的重要抓手。实践证明，“专家工作站＋农技协＋公司（协会）＋农户”的方式非常有利于科技普及、产业发展、小农户组织以及与市场对接。

二、微观上：科技小院创新模式

科技小院是集农业科技创新、农业技术服务、农村科学普及、人才培养培训四位一体，服务“三农”和乡村振兴的新模式。习近平总书记对“三农”工作始终高度重视并做出了一系列重要指示，在党的十九大报告中对实施乡村振兴战略做出了重大部署。《中共中央国务院关于实施乡村振兴战略的意见》明确了实施乡村振兴战略的目标任务，对发挥农技协的作用也提出了明确要求，推动农业全面升级、农业全面进步、农民全面发展，实现农业农村现代化和乡村振兴，这就给农技协提出了新时代的新任务和新使命。科技小院的建立与运作，打破了科技有效推广难的瓶颈，找到科技服务生产的途径与方法，是农技协开展科技志愿服务的长期阵地，也是农技协开展科技志愿服务的一张亮丽名片。

三、理论上：农技协有助于推动农业现代化建设

农技协在促进农业农村发展中，充分发挥了农村能人的引领作用以及广大农民的主观能动性，在提高农民科学文化素质、推进农村产业结构调整，推动农村科技进步、农业增效和农民增收等方面都发挥了重要作用，有助于推动农业现代化建设。

党的十九大报告特别提出了要构建现代农业产业体系、生产体系和经营体系。这一重大决策有利于完善农技协的运行机制和治理结构，有利于农技协从纵向一体化的产业链条延伸到横向一体化的联合与合作，有利于提高农技协的市场竞争能力。同时，党的十九大报告还特别提出要实现小农户与现代农业发展有机衔接。农技协是农民自己的组织，是基于小规模农户的资源

配置能力和市场竞争薄弱的现实，通过劳动组合、要素聚集、产业链条延伸等方式改变小农户在经济和生活中的不利地位而发展起来的。与其他市场主体相比，农技协具有天然的团结小农户的组织基础。另外，越来越多的农技协不再满足于初级农产品的生产，而是将农业生产、农产品加工、市场营销、资金互助、休闲农业、农耕文明传承等多种业务关联在一起，在一二三产业之间形成了一个整体。这一转变，契合了党的十九大报告中促进农村一二三产业融合发展的方向。总之，农技协在农业现代化建设中，是不可替代的重要组织载体。国家在推进农业现代化建设过程中，会出台更多好政策，将显著改善农技协发展的政策环境。

四、实践上：有效破解农技推广“最后一公里”难题

现实中，我国每年登记的农业科技成果有 3 000 多项，推广应用率不足 40%，形成规模的仅有 30%，大量的成果堆积在农技人员的档案里（王世通，2016）。调查中发现，其主要原因往往不在于基层农技人员的“消极怠工”，而在于农户不肯接受先进技术，多数农户仅仅是听听而已，在实际生产中仍凭传统经验进行农业生产。

农技协在破解农技推广“最后一公里”难题方面有两方面的优势：一是，具有科技传播优势，农技协通过能力效应和示范效应，把农业新技术、新成果迅速传播给会员和农户，打通了科技通向千家万户的渠道。农技协是农民身边的群众组织，便于种植大户或能人凭借自身的技术和经验，把农民组织起来开展技术交流、技物结合等服务活动，使看得见、信得过、学得来的实用技术得到迅速有效地传播，也使最新的农业科技成果以最便捷的方式、最低的成本、最高效的途径传递到农民手中，成为引进、推广农业技术和成果的有效载体。二是，具有引进科技优势，农技协与全国农业科研院所、大专院校、推广机构和学会组织建立广泛的联系，充分发挥相关部门的人才优势，组织开展科技培训、示范和信息咨询等活动，形成与国家推广机构相结合、把现代农业先进实用技术输送到千家万户的有效渠道。

第七章　推动农技协高质量发展的对策建议*

第一节　加强建章立制，健全政策体系

一、加强立法建设，明确法律地位

农技协发展的首要条件是得到政府在立法方面的支持，建议有关部门尽快出台相关法律，健全农技协发展的规章与扶持政策体系，明确农技协法律地位、法律责任，规范农技协组织形式、结构层次、职责作用和行为规范。

二、健全农技协发展的规章政策，依法对农技协进行管理

指导农技协制定合理的目标，明确会员的权利与义务，调动会员积极性，加强对理事会、监事会工作规范的监督，完善农技协章程、财务管理和服务制度，建立奖惩制度，促使会员将个人利益与协会名誉相关联，形成利益共同体。

三、真正赋予协会更多更大的权力

让协会真正发挥市场中介机构的作用，协会获得权力后，集中力量解决产业发展过程中农户、企业、中介组织间的协调与合作问题，真正成为服务农户和增强企业凝聚力的核心组织。

---

* 本章作者为陈涛（农民日报社）、李阳阳（中国农业大学）、杨玉莹（中国农业大学）、裘露寒（中国农业大学）。

第二节　优化政策环境，加大政策扶持

一、出台相关财政政策指导性文件

鼓励和支持具有农业产业特色、符合农技协建设条件的主体积极建立农技协，鼓励多种融合方式发展农技协。制定各项财政优惠政策，让农技协享受国家、省（自治区、直辖市）、市、县（市、区）等各级政府鼓励民营经济发展的各项财政优惠政策。

二、强化金融服务

随着市场机制的变革，农户在生产经营中不再是单一的技术需求主体，而是市场、金融、信息等多方面的综合需求主体。为更好地对接农户需求，农技协可与金融组织签署战略合作协议，在有条件的地区开展农业科技金融服务示范，推荐信誉优良的农技协会员，为其提供金融服务，解决农户贷款难的问题；利用农技协的技术资源优势，建设农产品供求信息与价格信息平台，降低农产品价格波动幅度，建设好农技协门户网站，面向广大农户开展政策宣讲、信息咨询、市场行情分析等服务。

三、实行税收优惠

参照合作社享受惠农政策的涵盖范围，包括优惠政策、补贴类政策、专项扶持类政策三大类。农技协兴办的技术经济实体，配套服务销售的农资，享受农资部门同等待遇；农技协为会员提供产前、产中、产后服务所取得的技术服务或劳务收入，享受税收优惠。

四、简化行政审批手续

科学技术协会作为农技协的业务主管部门，民政局作为农技协登记管理部门，在农技协申报成立、审批登记、规范管理过程中，要本着扶持、培育、发展的原则，在边发展、边登记、边规范和齐抓共管的同时，应做到职责明确、管理规范，密切配合、简化手续。积极探索基层农技协委托上级科学技术协会按年度集中统一申报民政登记管理的运行机制。

五、给予用地用电以及能源支持

根据农技协实际用地情况，按有关政策给予相应的用地计划指标；对从事蔬菜、茶叶、果树、花卉、苗木等生产的农技协，优先办理其所需变压器安置及用电业务，并执行优惠的用电价格；优化能源支持政策，鼓励有条件的农技协先行先试，因地制宜使用能源。

第三节 健全管理机制，规范组织体系

一、发挥科学技术协会的组织优势，加快推进各地基层农技协组织建设

一要构建省（自治区、直辖市）、市（地区）、县（市、区）“立体式、跨区域、网络型”的农技协组织体系。通过培育典型、推优扶强，培育扶持一批组织化程度高、辐射带动面广、社会影响力大的农技协，促进全省各级各类基层农技协规范、健康、有序发展。二要建设全省乡土人才队伍，推动农业科普人才、农业推广人才等科技服务队伍建设。三要广泛宣传农技协在发展生产、提供服务、助农增收、发展农村经济中涌现出来的先进典型事迹，营造农技协组织建设和发展的良好氛围。

二、明晰组织内部的产权关系

合理界定组织内部参与各方的权利与义务，防止组织内部出现“搭便车”的现象，造成组织运行的低效率。一要推进农技协规范化建设和管理。建立健全以农技协章程为核心的内部民主管理制度，完善健全会员代表大会、理事会、会员管理、会费收取、财务管理等规章制度。推进农技协党组织建设，促进农技协工作人员专职化、职业化。积极探索农技协工作委员会建设，健全完善组织、科普、财务、青年等工作委员会及各类专业委员会、标准化委员会、农村信息化委员会等组织体系，形成完备的组织架构。二要按照农技

协章程所规定的业务范围开展工作，切实为会员和农户服务，不断增强协会的凝聚力、对农民群众的吸引力。三是农技协组织要加快建立科学的组织结构、合理的利益分配机制、有效的资金积累机制、风险保障机制和监督制约机制，提高组织协调能力。四是要提升为广大会员开展技术咨询、指导等服务的能力。

第四节　创新发展模式，提高持续发展能力

一、注重营造氛围

通过报刊、互联网、广播、电视等媒体，结合农技协领办人培训、科技下乡、信息与产品交流、现场推介会等，广泛宣传农技协规范化发展的好经验、好做法，努力营造适合农技协发展的良好环境。不断推动各级党委、政府将农技协组织建设摆在突出位置，及时研究、解决农技协建设与发展中出现的新情况、新问题，充分调动各方积极性，充分尊重基层意愿，最大限度地提高广大涉农机构、家庭农场、合作组织、科技特派员、大学生村官、龙头企业、金融机构、供销单位等的参与积极性，坚持多形式、多层次创办，形成多部门推进、多主体参与、多类型组建、多模式发展的格局。

二、大力发展新型农技协模式

重点支持“农民自发组织型”农技协、“全能人牵头创办型”农技协、“领办合作社壮大发展型”农技协、“龙头企业联动型”农技协以及“科研院所融合型”农技协，在全国开展乡镇农技站加挂农技协牌子的试点改革工程，构建国家、省（自治区、直辖市）、市（地区）、县（市、区）“立体式、跨区域、网络型”升级版农技协组织体系，建立全国统一的农技协发展情况调查统计制度，促进全国基层农技协数量和会员数量增长，进一步提升农技协在农业经营中的覆盖率。

三、加强农技协与其他新型农业经营主体的联合与合作，促进服务转型升级

支持农技协与合作社等其他新型农业经营主体的多方位、多角度、一体化发展，根据不同农业组织的属性与特点，鼓励农技协与其他各类新型农业经营主体联合发展，推动农技协组织形式的创新，在此基础上，农技协发挥科技供给作用，合作社等其他各类新型农业经营主体发挥实体基地作用，公司发挥经济支撑作用，推动信息资源、资金资源、政策资源的互通互享，充分发挥资源的整合效应和聚合效应，促进科技、人才、项目、资金等要素向农业产业聚集，形成良性协同发展的新机制，增强农技协的发展活力。

第五节　强化服务队伍，提升服务能力

一、加强各级各类农技协专职人员队伍建设

切实集聚并发挥农村实用科技人才作用，加大柔性引进人才的力度，不断推动农村科技实用人才队伍发展壮大，建立农村科技实用人才评价体系，将农村“土专家”“田秀才”、能工巧匠、返乡创业专业技术人员和高校毕业生等纳入评价范围，制定评审办法、资格认定标准和人才评价机制，通过教育培训、评价认定、示范带动、实践检验等方式，建设一支由专家团队、农村实用人才、新型职业农民构成的科技服务队伍。

二、加强对新型职业农民、新型主体领办人、技术骨干、实用人才的培训力度

对以上人员进行科技、管理、营销、法律、金融等方面知识的培训，不断提高他们的管理水平、市场竞争能力以及抵御市场风险的能力，使农技协带头人整体素质有较大提高。进一步团结组织广大科技工作者，为解决“三农”问题提供全方位的科技服务，不断提高农技协在农业现代化进程中的贡献。

三、充分发挥科技小院的作用，积极开展科技志愿服务

利用科技小院平台，集中科技力量到农村一线、田间地头“零距离、零门槛、零时差、零费用”开展科技志愿服务，发挥科技小院在农村的示范带头作用。

第二篇

农村专业技术协会发展研究省级分报告

第八章　福建省农村专业技术协会调研报告*

课题组在福建省农村专业技术协会（以下简称“福建农技协”）负责人的积极协助下，对福建农技协的发展及科技志愿服务情况进行了深入调查。借助学生假期返乡的机会开展线下调研，共获取问卷 7 份；通过农技协内部组织系统开展线上调研，共获取问卷 312 份，其中农技协带头人问卷 92 份，农技协社员农户问卷 25 份，农技协科技服务志愿者问卷 195 份；通过科技小院组织系统开展线上调研，共获取问卷 109 份，其中科技小院入住学生问卷 86 份，科技小院入住教师问卷 23 份。通过线上线下广泛深入的调研，全面分析了福建农技协组织发展及科技志愿服务的基本现状，以便更好地发挥农技协在普及农业科技、提高农民科学素质、助力农业农村经济发展中的重要作用。

第一节　福建农技协组织制度建设

一、福建农技协发展演变

福建农技协于 2012 年 7 月召开第一次会员代表大会宣告成立，会议选举产生了由 114 名成员组成的第一届理事会。福建农技协成立之后，积极举办理事培训班，邀请专家举办讲座和授课，以服务“三农”、助力乡村振兴为协会发展宗旨，并制定了《福建省农村专业技术协会会员代表大会制度》《福建省农村专业技术协会理事会制度》《福建省农村专业技术协会监事会制度》等 6 项规章制度，确立管理和决策上的民主办会原则，充分保护会员权益、调动会员积极性。

---

* 本章作者为吴瑞建（福建省农技协）、李阳阳（中国农业大学）、郭晓宇（中国农业大学）、鹿傲飞（中国农业大学）。

2017年底，福建全省共有209个农技协、50个农村科普示范基地，75个农村科普带头人获得中国科协和中央部委表彰，获项目资助5 000多万元。2019年、2020年、2021年，先后有6个基层农技协被中国农技协选树为先进典型。2021年，福建农技协被评为全国十佳农技协联合会；福建农技协科技志愿服务队被中国科协评为先进典型。截至目前福建全省共有农技协927个，会员9.7万人，其中有52个县（区）农技协，团体会员429个（包括全省市县农技协及部分基层农技协），个人会员520名，设有专家委员会和9个专业委员会，现有理事150人。2018年初建立省农技协党支部。

二、福建农技协组织体系

福建农技协由市县和基层农技协、农村专业合作组织及全省从事农业、农村专业技术研究、科学普及、技术推广的科技工作者、科技致富带头人自愿组成，成为促进农业高质量发展和农业农村现代化的重要社会力量。目前协会已建立起一套较完整的组织体系，成立党组织，设立会员代表大会、理事会、常务理事会、监事会等机构，成立了种植业、林业、渔业、茶业、蔬菜、食用菌、园林花卉、农产品品牌与流通、休闲农业9个专业委员会，设立了专家委员会。2018年10月，福建农技协在福州召开二届二次理事（扩大）会，设有理事长1名，副理事长8名，理事150名，常务理事30名，团体会员429个、个人会员520名。

近年来，福建全省9个设区市农技协都相继成立。88个涉农市、县（区），已成立了80个县（区）农技协，占91%。部分镇和基层农技协也都相继成立，全省970个乡镇中，成立农技协的乡镇数量超过了56%，目前福建全省共有农技协927个，会员9.7万人。

三、福建农技协运行机制

当前福建全省基层农技协组织以技术交流型为主，约占全省基层农技协组织总数的50%。技术经济服务型等中级发展形态的基层农技协组织约占全省总数的40%，技术经济实体型等高级发展形态的基层农技协组织约占全省总数的10%（图8-1）。

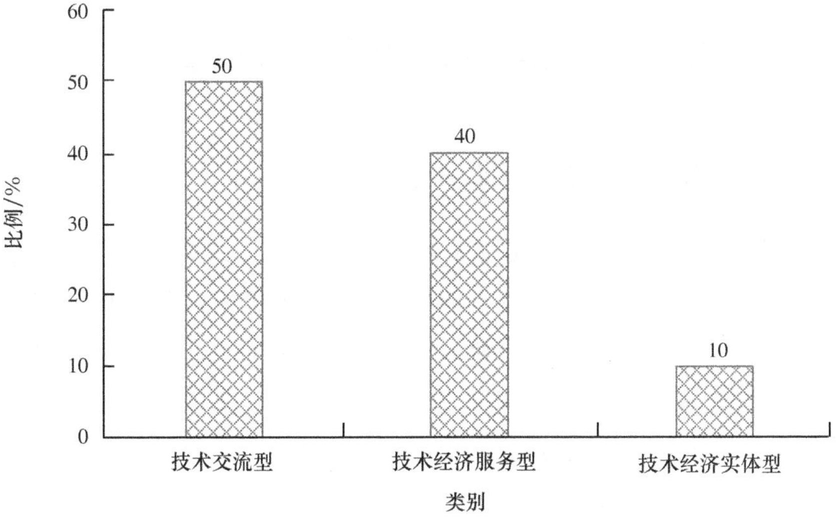

图 8-1 福建农技协组织类型占比

资料来源：课题组调研数据

四、福建农技协经费来源

福建农技协经费来源大部分是承接有关项目，开展业务，自创营收，部分来自政府资助，还有一部分是来自会费与社会各界捐助等。其中，自创营收比高达 62.37％，政府资助占 40.86％（图 8-2）。

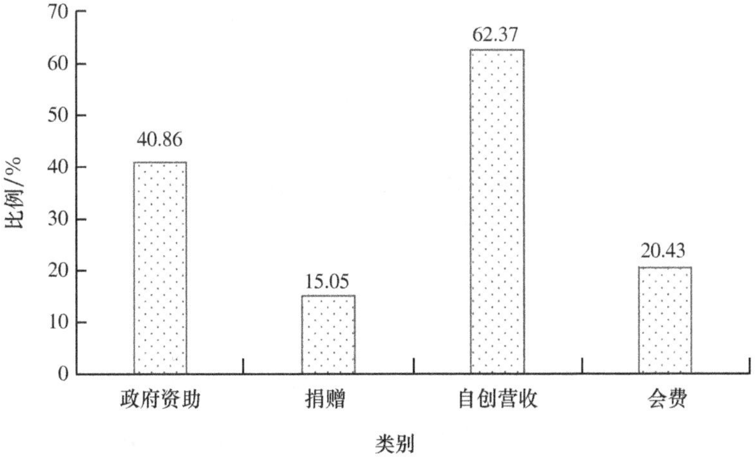

图 8-2 福建农技协经费来源

资料来源：课题组调研数据

第二节　福建农技协科技小院创建

一、福建科技小院提供的科技志愿服务

福建科技小院提供的科技志愿服务如图 8-3 所示，主要包括接受农民日常生产问题咨询，帮助农民选择或选购农资，帮助农民拓宽产品销售渠道、销售产品，日常生产巡查，田间试验，以及为农户提供技术培训、专家田间指导、示范带动（如高产示范）、科技长廊展览等服务。其中，科技小院接受农民日常生产问题咨询与为农户提供技术培训是最为主要的志愿服务内容，占比分别达到 86.96%与 78.26%。

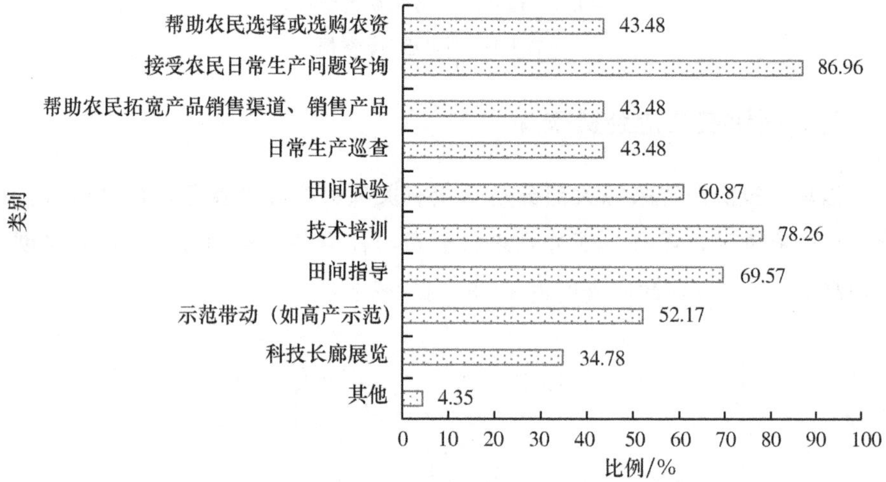

图 8-3　福建科技小院提供的科技志愿服务内容

资料来源：课题组调研数据

二、福建农技协科技小院建设模式

福建科技小院建设围绕当地农业主导产业或特色产业，以专家、研究生长年驻扎农村基层和生产一线为基本特征，依托有实力的农业企业和农村合作社，开展科技服务，成为助力农业增效、农民增收和农业绿色发展的重要平台，打造科技特派员新模式，搭建服务“三农”和乡村振兴的有效平台。

三、福建科技小院建设典型做法

2019 年以来，根据中国农技协关于建立科技小院的有关部署和要求，福建省农技协于 2019 年 3 月专门召开了科技小院建设座谈会，在全国第一批建立 5 家科技小院，于 2019 年 6 月成立了全国首家中国农技协科技小院联盟（福建）。

福建科技小院集农业科技创新、农业技术服务、农村科学普及和人才培养培训四位一体。例如，平和蜜柚科技小院服务全县数万柚农 100 多万亩蜜柚产业，今年开展技术服务、技术培训 100 次以上，直接受益农民达到 3 000 人次以上。编印《琯溪蜜柚提质增效技术手册》发放柚农，开展减量施肥和改良土壤等研究试验，每亩可平均降低成本 1 000 元以上，推广后可使全县农民增收 10 亿元以上。永春芦柑科技小院举行永春芦柑稳产高效树形培育技术培训活动 10 次，受训学员 560 人次以上。发放技术书籍和科普材料 2 000 多份，实地指导果农近 300 人次，建设永春芦柑高质稳产树形培育研究与应用示范园 300 亩，连续实现 3 年稳产丰产，辐射带动永春及周边 20 000 亩的芦柑果园发展，带动 20 多户果农脱贫致富。

第三节 福建农技协科技志愿服务

一、福建农技协开展的科技服务情况分析

2020 年福建省农技协成立了“福建省农技协科技志愿服务队”和“中国农技协科技志愿服务福建省分队”，注册了“福建省农技协科技志愿服务组织”，目前注册登记科技志愿者已达 347 人。同时，成立由 110 名专家组成的专家服务团。通过科技小院对驻点开展应急科普、技术服务和农民培训等科技志愿服务，更好地为当地农民提供了技术服务支持。

二、福建农技协提供的科技服务内容

福建农技协科技服务的内容主要包括宣传和讲解种养殖、经营管理新技术等科普知识、指导种养殖过程中如何进行病虫害防治、指导选购具有优良

品质的农产品品种、科普讲解农业保险相关知识、科普讲解农产品电商技术、普及直播带货、网络销售等知识、讲解金融贷款知识、提供机械水利服务等。调研结果表明，最主要的服务内容是宣传和讲解科普知识、指导种养殖过程中如何防治病虫害和如何选购优良品种，占比分别达到89.25%、70.97%和66.67%（图8-4）。

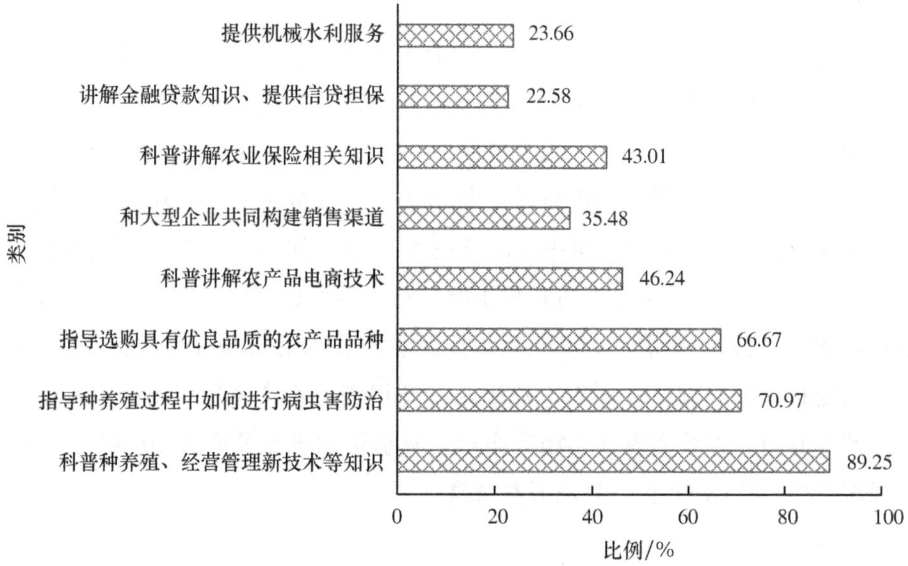

图8-4 福建科技志愿服务内容

资料来源：课题组调研数据

三、福建农技协组织典型做法

福建农技协根据老区苏区县对农业技术的实际需求，定制式精准对接，点对点深入农村一线举办科普讲座，开展技术指导、技术培训和科技帮扶等科技志愿服务。2020年，累计开展服务150多场，专家服务700多人次，受益农民1万多人次。同时，注重建立与县市科协、农技协联系反馈机制，根据当地对科技的需求，常态化开展科技志愿服务。2021年7月，福建农技协联合中国农业大学、福建农林大学、省农科院等专家，赴建宁、光泽等6个革命老区县开展为期一周的“智惠行动”。

福建农技协根据当地需求，组织专家服务团开展定制式、组合式科技志愿服务。2021年，专家服务团开展“服务乡村振兴行”活动3次，受益群众

1 万多人次。福建农技协组织省内近 20 名农业相关领域知名专家赴原中央苏区县、省重点扶贫开发县浦城县，实行高位科技精准对接，农村一线点对点、“零距离”服务。

福建农技协开展协同式服务，与学会、高校、科研及技术推广机构合作，共同成立“福建省服务乡村振兴学会联合体”。联合体秉承“合作、服务、绿色、发展”的宗旨，共同打造农村科学普及、科技培训、技术指导咨询的科技志愿协同服务平台。

四、福建农技协助力乡村振兴的作用

经调查，72.04％的受访人员表示福建农技协提高了当地农户的科学文化素质，61.29％的受访人员表示通过“土专家”、科技示范户等人的示范作用，把科技知识直接迅速、有效地传播到农民中去，55.91％的受访人员表示福建农技协组织帮助培养了一批乡土技术人才，50.54％的受访人员表示福建农技协组织帮助连接农业科研院所、大专院校、推广机构和学会组织等，引进现代农业先进实用技术（图 8-5）。

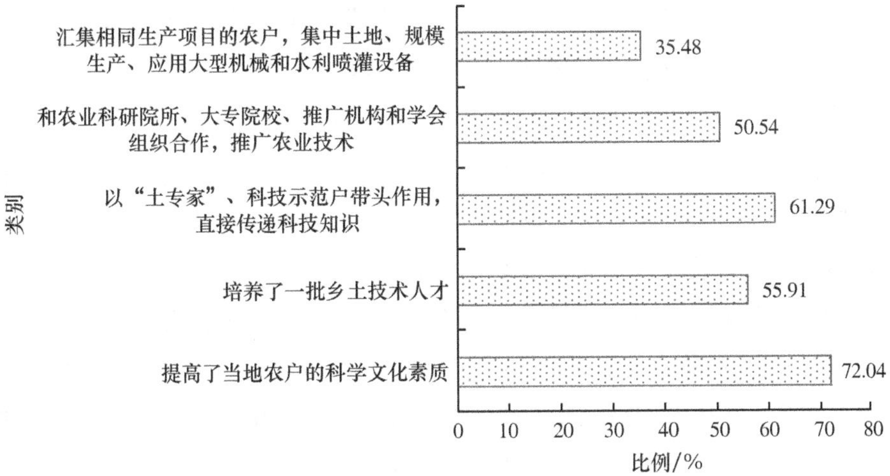

图 8-5 福建农技协促进农业农村发展的主要功能作用

资料来源：课题组调研数据

结合调研数据整理总结，并且结合大量案例资料总结得出，福建农技协对福建乡村振兴的助力作用主要体现在以下 4 个方面。

1. 开展科技志愿服务

针对防疫抗疫新情况和农村需求，开展“线上＋线下”科技志愿服务。成立专家服务团，共组织科技人员 2 000 多人次，深入全省 50 多个涉农县市乡村，开展科技志愿服务 300 多场次，直接受益农民 2 万多人。与福建省农村科普服务中心、福建教育电视台联合开办《乡约科普》栏目，邀请 100 多名专家录制视频，覆盖人群累计 50 万人次以上。通过“福建省农技协”公众号等新媒体平台，及时发布科普知识、技术信息和农业相关政策法规 100 多篇。福建农技协作为联合体召集人单位，联合 12 家省级涉农学会，成立福建省服务乡村振兴学会联合体，打造农村科学普及、科技培训、技术指导咨询的科技志愿协同服务平台。

2. 推动提升农民科学素质，培养技术人才

福建农技协聘请科技专家对接指导，注重培养技术人才、骨干人才，发挥人才示范引领作用。召开基层农技协组织负责人培训会、座谈会等，提高基层农技协组织建设水平。举办农技协领办人培训 12 场次，参训 750 多人。举办“水土保持及特色产业重点培训班”178 期，培训会员 9 000 多人次；与省扶贫开发协会联合开展科技扶贫“万名培训”306 班 17 729 人次；举办“全省基层农技协领办人”培训班 1 期 128 人次。

3. 创新管理机制，转化科技成果

创新组织形式，有效整合现有专业行业协会、合作社、农业企业和家庭农场等资源，实现专业和优势互补，形成融合发展的新路径。全省各级农技协将协会工作与农业专业实践有机结合，推行福建农技协组织建设市、乡、村“三三”模式，实现福建农技协组织网络化、管理常态化、服务精准化“三化”发展。福建农技协于 2019 年 7 月启动智慧农技协工作，与全国农技协组织连接，共享农产品优先发布、专家在线答疑、电子会员证书、实时在线学习四大服务。福建科技小院建立多元化的服务体系，科技成果有效转化为现实生产力，2019 年平和琯溪蜜柚科技小院与 15 个示范户合作，示范面积达到 100 亩，实现节本增收 18 万元。

4. 推进“银会合作”金融服务

福建省科协与福建省邮储银行签署《“银会合作”框架协议》，福建省邮

储银行在3年内向全省基层科协、农技协、会员及其所带动的农户专项授信额度由10亿元增加到20亿元，授信的重点县基层农技协数量达365个，累计发放农户贷款金额超过2.8亿元，为福建农技协会员提供融资、理财、汇兑、转账、代发工资等金融服务，支持农技协开展产业结对帮扶，推广新品种、应用新技术、培植特色产业、拓宽市场渠道、延伸农业产业链。

第四节 福建农技协发展中面临的现实困境

经调查，目前50.54％的福建农技协组织存在发展和运行资金短缺，自我供血能力不足的问题，47.31％的福建农技协组织表示缺乏政府部门资金、项目、税收等政策支持，40.86％的福建农技协组织表示组织定位不清晰，过度追求经济效益忽略技术服务，不清楚农技协与合作社的区别（表8-1）。

表8-1 福建农技协组织发展存在的困难与问题

存在问题	占比/％
定位不清晰，过度追求经济效益忽略技术服务，不清楚农技协与合作社的区别	40.86
发展和运行资金短缺，自我供血能力不足	50.54
无法与科研单位建立持续、长久的合作关系，缺乏专业技术人员	32.26
缺乏政府部门资金、项目、税收等政策支持	47.31
协会发展权责不明确	16.13
技术培训，农村科普活动等未形成常态化	35.48
难以满足家庭农场、专业大户等新型农业经营主体的技术需求	17.20
和其他农技协合作较少，独自发展难以抵御市场风险	17.20
其他	1.08

资料来源：课题组调研数据。

结合调研数据整理总结，并且查阅相关资料得出以下3点福建农技协发展乏力原因及当前面临的困难和问题。

一、管理服务体系不健全

福建目前各级农技协组织自上而下的管理服务体系不健全，不少市县农技协领导班子配备不齐，难以发挥基层农技协及其专业联合会的作用。

二、组织建设有待完善

福建各级农技协存在着组织建设松散、弱化，联络渠道不通畅，服务能力有待提升等问题。一些基层农技协人员积极性不高，很多地方农技协成为难以落地的团体。市、县一级农技协原有的很多骨干人员退出农技协后，得不到及时补充。

三、缺乏政策与经费扶持

福建各级农技协在实际工作中，缺乏政策引导和经费支持，统筹和协同基层开展工作的力度不够。在帮助农民销售产品、签订合作协议、解决资金等各个方面都遇到很大的阻力。大部分基层农技协只是单纯性服务组织，服务范围是乡村、服务对象是农民，一般不收会费，受资金、技术、管理、人才等制约，提供服务层次低，市场竞争力弱，驱动创新活力不足。

第五节　促进福建农技协发展的对策建议

经调查，77.42％的农技协表示亟须得到政府、科协等部门的资金和项目支持，40.86％的农技协组织希望得到高等院校及科研单位等持续、长久的人才支持。结合调研数据中农技协组织反映的需求以及希望获取的支持，提出以下 4 点推动福建农技协高质量发展的对策建议。

一、强化发展规划制定，推进协会组织建设

福建农技协要同市、县农技协积极创造条件，分区域、分专业、分类型创立农技协联盟，围绕福建省乡村十大千亿产业集群发展目标，开展产业合作开发，助力乡村产业振兴。发挥理事会、常务理事会的作用，做好团体会员的登记、管理和服务工作，提升协会服务会员的能力。加强基层农技协科技培训与技术支撑，提高技术水平与服务能力，尤其是要因地制宜地建立有效的协作机制提升基层农技协在管理、服务、品牌、发展等方面的实力。

二、强化多元投入支持

福建农技协在中央财政下拨各省科普惠农资金时，应明确比例用于乡村农技协发展。设立科技服务、示范基地、科技培训、青年创业、引导项目的专项经费，择优立项，以项目带动促进福建农技协基层创业，开创新时期基层农技协机制创新与科技兴农创业的新格局。

三、强化智慧运营水平

福建各市、县农技协要因地制宜开通科普公众号或者创建智慧农技协平台，发布信息、推介产品、开展科普教育。以乡村科技小院为载体，注重建设富有区域特色的科技推广与直播带货平台，率先创立富有福建特色的智慧农技协平台，进一步强化科技小院服务乡村振兴的作用。

四、强化骨干队伍培养

福建各级农技协要着力把培养农村实用人才作为工作重要内容，以提高科技素质、生产技能、经营能力为核心，加强对基层农技协领办人、骨干的培训。加强对现有乡村农技推广人员和新型经营组织成员的科技培训与知识更新，让更多的青年农民获得进修学习机会，让更多的新型农民获得大学函授教育的机会，培养有为青年成为新技术示范者和科技传播的带头人。

第九章 河北省农村专业技术协会调研报告*

课题组在河北省农村专业技术协会（以下简称“河北农技协”）负责人的积极协助下，对河北农技协的发展及科技志愿服务情况进行了深入调查。借助学生假期返乡的机会开展线下调研，共获取问卷108份；通过农技协内部组织系统开展线上调研，共获取问卷54份，其中农技协带头人问卷17份，农技协社员农户问卷37份；通过科技小院组织系统开展线上调研，共获取问卷51份，其中科技小院入住学生问卷6份，科技小院科技服务志愿者问卷45份。通过线上线下广泛深入的调研，全面分析了河北农技协组织发展及科技志愿服务的基本现状，以便更好地发挥农技协在普及农业科技、提高农民科学素质、助力农业农村经济发展中的重要作用。

第一节 河北农技协组织制度建设

一、河北农技协发展演变

党的十八大以来，虽然我国农业农村发展取得历史性成就、发生历史性变革，农业供给侧结构性改革取得新进展，农村改革取得新突破，城乡发展一体化迈出新步伐，脱贫攻坚开创新局面，全面建成了小康社会。但河北省农业农村基础差、底子薄、发展滞后的状况尚未根本改变，经济社会发展中最明显的短板仍然在“三农”，现代化建设中最薄弱的环节仍然是农业农村。农业发展质量不高，农产品品种丰富，但多而不优；农业品牌众多，但杂而不亮；农业体量大，但产业大而不强。党的十九大做出实施乡村振兴战略重

* 本章作者为齐振华（河北省农技协）、华静（宁夏大学）、王凯文（中国农业大学）、鹿傲飞（中国农业大学）、李阳阳（中国农业大学）。

大决策部署，目前全国上下都把实施乡村振兴作为当前工作的重要抓手。但是乡村振兴之路到底怎么走各地仍在探索实践中。从中国行政划分和地域情况来看，实施乡村振兴的主体多以县域为单元，促进县域经济发展，促其产业振兴、人才振兴、文化振兴、生态振兴、组织振兴成为实施乡村振兴的重要抓手。

近年来，河北省在农技推广机构的建设和改革等方面都有了很大的改善和提高，但仍存在诸多不利因素阻碍着农技推广工作的进一步发展。现有农技推广机构是新中国成立后经过多半个世纪国家大量投资建立起来的，大多农民认为其新技术主要是来自推广机构。目前，我国以基层农业技术推广机构为主导，与农民专业合作社和涉农企业、社会化服务组织、农业科技园区以及农业科研教育单位相结合，发展多元化的农业技术推广体系，助力乡村振兴。

二、河北农技协组织体系

河北省现代农业专家服务团规格比较高，聘请的都是既有实践经验又有产业规划经验的河北省顶尖农业专家，由 196 名涉农专家组成。团长为河北省农林科学研究院原院长、河北省委省政府决策咨询委员会副主任王慧军，副团长由非洲科学院院士贾银锁、河北农业大学副校长马峙英、石家庄市农科院名誉院长郭进考、河北农业大学林学院研究员郭素萍、张家口市农科院谷子所原所长赵治海、河北省农业农村厅原巡视员张文军、河北农业大学园艺学院原副院长孙建设、河北省蔬菜行业协会会长孙茜等农业界的专家担任。这些专家涵盖了大田、果树、蔬菜、养殖、园林、中药材、食用菌、农产品加工等领域，育种、栽培、植保、农业产业规划、贮藏保鲜等专业。

河北农技协组织并非单一组织形式，主要分为三种：技术交流型、经济技术服务型和经济技术实体型，分别占 11.7%、70.5%、17.6%，其他类型几乎可忽略不计（图 9-1）。河北农技协组织建设在不断加强，更好地提高河北农技协组织发展活力和服务效能，提升农民科学素质，促进农业产业发展，服务乡村振兴。

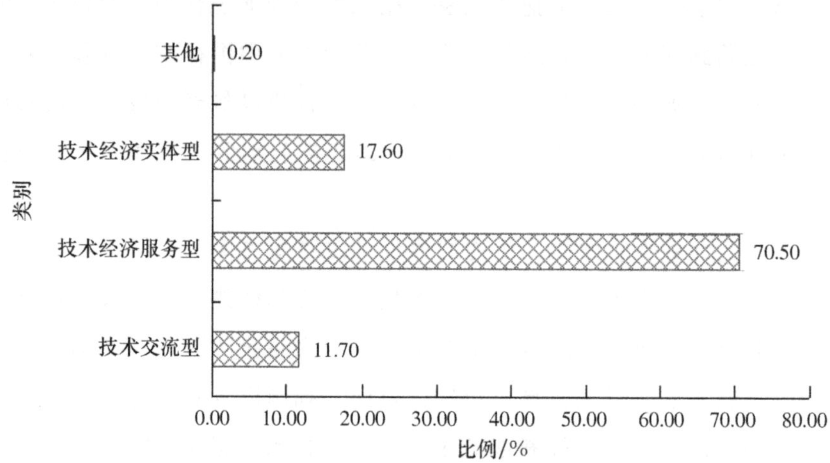

图 9-1　河北农技协的组织类型占比

资料来源：课题组调研数据

三、河北农技协运行机制

据统计，现有的河北农技协中基层政府牵头创办的占 11.7%；科协农委等县级政府部门牵头创办的占 29.4%；合作社、协会等民间经济或社会组织牵头创办的占 52.9%，其他组织或团体创办的占 5.8%（图 9-2）。各级农技协协力发展，提升农业产业发展。

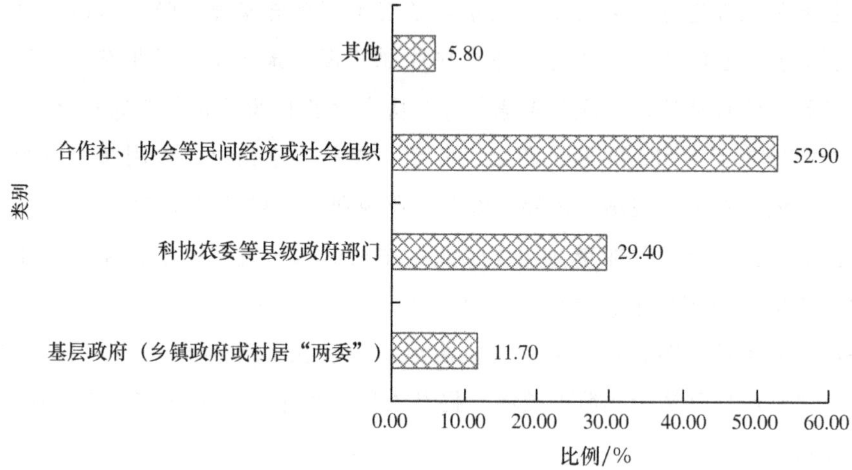

图 9-2　河北农技协创办模式占比

资料来源：课题组调研数据

众多的农技协组织所涉及的产业类型各不相同，其中河北农技协主要分为四大类型，占比最高的为果蔬种植类，占64.70%；其次是粮食种植类，占23.50%；其余分别是生产加工以及新型服务类型（图9-3）。可以看出河北农技协仍专注于传统的粮食果蔬方面的发展，新兴产业的兴起与发展需要进一步加强。

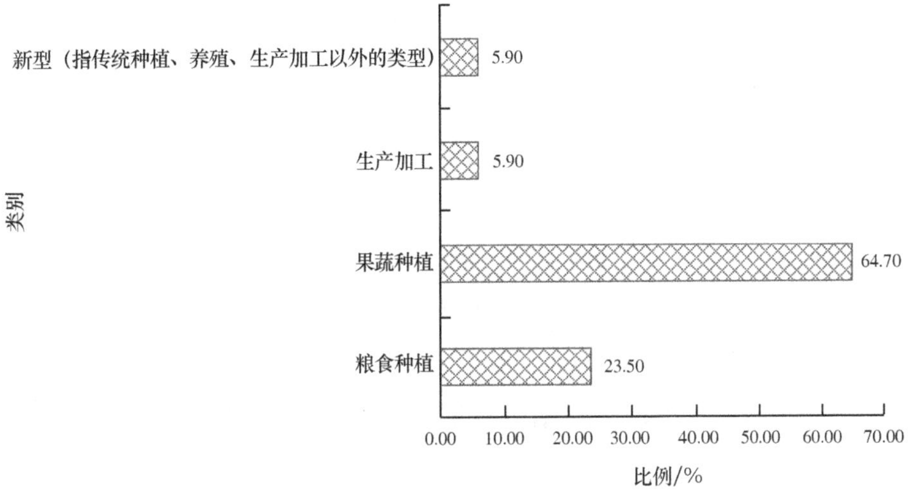

图9-3　河北农技协产业结构情况

资料来源：课题组调研数据

2021年，河北农技协以创新发展模式与运行机制、提升组织发展活力和服务效能、助力脱贫攻坚和乡村振兴为抓手，相继组建现代农业专家服务团助力乡村振兴，实施了提升河北农技协科普服务能力项目，承担了省科协科技志愿服务活动组织及实施项目、省政协科技下基层活动、河北省科技文化卫生三下乡活动省科协活动、全国科技活动周省科普活动、河北省西甜瓜产业发展研讨暨观摩会、首都科技工作者助力河北创新发展活动等，精准实施科技助力活动，举办了线上线下40多场活动，提升了河北农技协服务基层的能力和影响力。

河北农技协的主要资金来源还是以自创营收为主，占58.8%，其次是政府资助、会费、捐赠等方式，分别占23.5%、23.5%、29.4%，其他方式占11.7%（图9-4）。可以看出河北农技协的发展不仅依靠自身特点助力乡村振兴创造财富，与此同时还需要政府以及社会各界的鼎力支持。

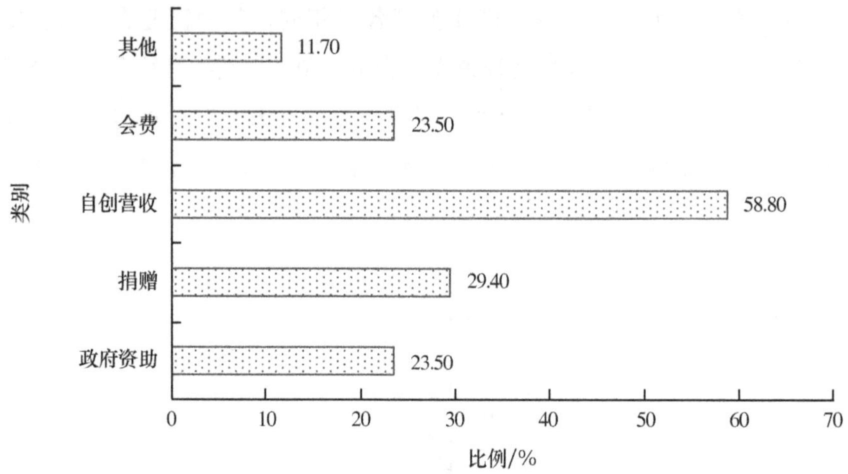

图 9-4　河北农技协经费来源

资料来源：课题组调研数据

第二节　河北农技协科技小院建设

以实现作物高产和资源高效为目标，以高产高效基地全面开展技术研究和示范推广为依托，中国农业大学提出科技小院模式，目的在于建立位于生产一线（农村、企业）的集成农业科学研究、新时期农业人才培养、农业科技创新与示范推广于一体的科技服务平台，以农业科技人员与研究生驻地研究方式对农民及农业组织进行“零距离、零门槛、零时差和零费用”服务，以作物高产、资源高效和农民增收为目标，旨在引导农民进行高产高效生产，服务农村文化建设和推动农业经营体制变革，最终探索现代农业可持续发展之路。自 2009 年在河北省曲周县白寨乡建立第一个科技小院以来，经过多年发展，科技小院不仅在周边很多乡镇、村发展起来，而且逐步遍布于全国各地，许多地区纷纷加入“中国农业科技小院”行列。针对不同的农业种植类型为当地农业进行全方位服务的农村科技小院，走出一条将我国农业科技研究、人才培养机构和实际生产部门相结合的新道路。河北省分为 3 个区域，分别为长城以北的山地和盆地、长城以南至滹沱河以北地区、滹沱河以南及太行山南部低山丘陵地区，年平均气温 −0.3～4.0 ℃，无霜期达 80～110

天，是河北省热量最低的地区，按照温度划分大致为一年一熟低温作物区。河北省特殊的地理、气候、人文环境造就了当地特殊的农业状况，相对其他地区而言，当地农业依然比较落后，在农业制度、发展规模、现有途径与作物种类等方面均存在不足。在乡村振兴背景下，河北省农业发展依然任重道远。

第三节　河北农技协开展的科技志愿服务

河北省现代农业专家服务团服务立足于县域农业经济产业发展规划，兼顾大型合作社、种植大户等规模种植大户。成立后的专家服务团围绕我省现代农业发展、县域农业经济发展，开展产业规划、科技咨询、科技培训、成果推广等活动，助力发展科技农业、绿色农业、品牌农业、质量农业，着力提升农业规模化、产业化、市场化水平，推动乡村振兴战略的深入实施。

以一个县域为例，首先要充分了解当前该县农业主导产业的发展现状，有哪些亮点和难点，然后根据县里的主导产业及气候、土壤、地貌等条件，一是为其重新规划新的主导产业，谋划新的经济增长点；二是围绕传统产业升级改造，从产品选择、种植技术、品牌打造、市场营销、产品加工等领域为其规划，提高农业产业经济效益和附加值。

邢台市任泽区是河北省现代农业专家服务团服务的第一站。该区位于河北省南部，地处太行山东麓山前平原，为传统的农业区，是全国粮食产业工程县、全国粮食生产先进县。主导产业为小麦、玉米、蔬果、畜牧，农业收入是农民主要收入。现有国家级农产品批发市场 1 个，10 万亩高效粮食生产示范园区 1 个，良种繁育基地 2 个，蔬菜标准园 1 个，4 万亩无公害蔬菜认证基地，一个国家级产业强镇，390 家合作社，其中国家级合作社 5 家，省级合作社 10 家，市级合作社 29 家。家庭农场 365 个，农业龙头企业 19 家。

对于这样一个以传统农业种植为主的农业县，乡村振兴就需要高层专家给予指导。为此，农技协提供的科技志愿服务就尤为重要，及时地解决了生产的疑难问题，同时为农户带来更多实用知识和技术培训，加强了相关农业知识的科普，提高了农户的整体素质。主要内容有：宣传和讲解种养殖、经营管理新技术等科普知识，指导种养殖过程中如何进行病虫害防治，指导选购具有优良品质的农产品品种，提供农产品价格及农资价格等信息，科普讲解农业保险相关知识，讲解金融贷款知识，提供机械水利服务等。其中最主要的服务内容是宣传和讲解种养殖、经营管理新技术等科普知识。指导种养殖过程中如何进行病虫害防治、指导选购具有优良品质的农产品品种这几类，与农户的生产生活息息相关，切实地解决了最为重要的生产问题（图 9-5）。

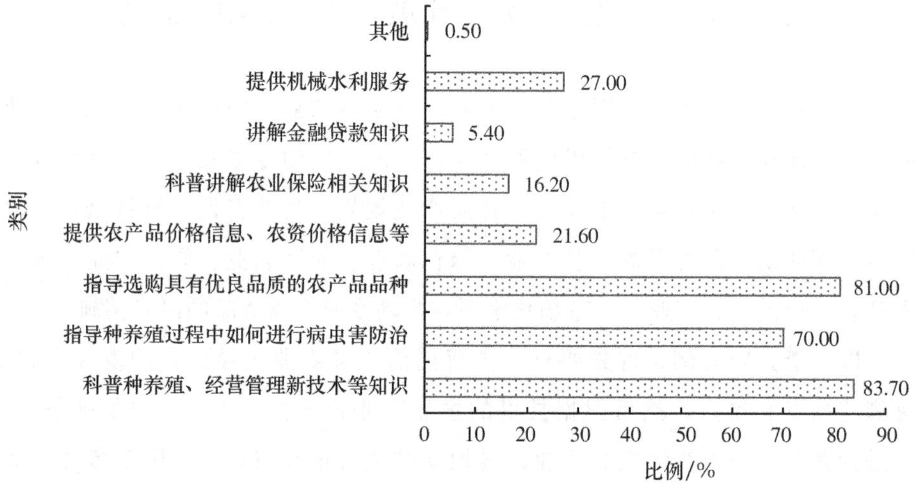

图 9-5　河北农技协科技志愿服务内容

资料来源：课题组调研数据

第四节　河北农技协发展中面临的现实困境

目前，河北省农技协发展主要受到以下 3 方面因素的制约。

一、农技推广队伍不稳定，综合素质不高

农技人员是农技推广工作的主体对象，他们的综合素质直接影响着农技推广工作的成效。目前，河北省缺乏一支高素质的技术推广队伍，难以保证农技推广工作高效进行。调查表明，河北省农技推广人员存在结构不合理、推广人员少、素质低而且出现断层问题，同时还包括收入水平普遍较低、队伍不稳定等不利因素，直接影响了最新农业科技成果的掌握和农技推广服务

的质量。

1. 农技人员结构不合理，知识更新较慢

农技推广知识是农技推广工作实施的原动力，而年轻的农技人员往往是知识更新的领头人。调查数据显示：目前基层农技人员的年龄集中在30～50岁，占到了农技推广人员的77%。年龄结构的“断层”导致了知识结构的“断层”。由于农技推广队伍缺少年轻人员，农技推广工作缺乏新鲜的知识注入；另外，农技人员中男性占82.6%，性别结构不合理，导致农技推广人员难以形成有效的分工，推广工作难以确保及时展开。这些因素在一定程度上影响了先进适用的农业技术的到位率和普及率，从而影响到农技推广在整体质量上的提高。

2. 农技人员分布不合理，数量不足

河北省现有农业技术推广人员过于集中在县市级，乡村级技术人员越来越少，县级技术人员越来越多，形成倒挂错位，使本来存在的严重问题愈加严重。基于河北省各农业技术推广站进行问卷调查，农技人员人数低于5人的区域站超过了调查总数的50%，人数在10人以上的不足10%，数据表明河北省区域站农技人员人数整体较少。当然并不是人数越多越好，这里还有一个资源配置的问题，要使得农技人员人数和区域站规模相适合，区域站规模和所在地区农技推广发展水平相适合。同时，区域站每位农技推广人员负责的辖区比较大，将近86%的区域站中，每个推广人员要负责的推广村数多达10个以上，农技人员少、责任范围广、服务强度大，势必造成推广工作不到位，制约农技成果的推广效果。

3. 农技人员学历较低，整体素质不高

面对农业结构调整的新特点，许多农技人员表现出现有能力不足以胜任工作的状况：文化程度和技术职称偏低，专业知识单一。农技人员的专业背景多是植保、畜牧、农学，缺少市场经济广泛需求的市场调研与预测、分析与决策、营销与管理等方面的知识，缺乏农民迫切需要的对变化莫测的市场信息的判断，难以更好地适应农业高效发展的需要。

据调查，基层农技推广人员中初中及以下的占3.10%，高中或中专的占26.30%，大专的占38.17%，而大学本科及以上的仅占32.43%（图9-6）。

在调查的种植业 8 600 名基层技术推广人员中，高级职称 1 173 人、中级职称 3 382 人、初级职称 2 999 人，有些县没有高级职称的农技推广人员。可以看出，面对现代农业快速发展的需要，现有农技推广队伍很难适应，全省农技推广人员整体素质有待提升。造成这一状况的原因主要有以下几点。一是《农业技术推广法》对农业技术推广人员的要求是“具有中等以上有关专业学历，或者经县级以上人民政府有关部门主持的专业考核培训，达到相应的专业技术水平”。这里的中专标准是按照 1993 年的情况确定的，要求偏低；上述要求的后半句规定有很大的灵活性，难以控制。二是大量不具备从事农业技术推广工作素质的人员被录用，其中既可能包含人情因素，也有政府机构改革的影响。据基层农技人员的反映，现有的乡镇农业技术人员有相当部分都是由“农转非”后的农民技术员组成，存在文化程度低、专业技能差、知识更新慢和对现代农业新技术把握不准的问题。三是由于从事农业技术推广工作条件艰苦、待遇偏低，大量的农业院校毕业生宁愿改行留在城市里，也不愿到县乡基层单位工作。四是由于经费普遍不足，推广人员缺乏接受培训和更新知识的机会，使得实际业务水平难以不断提高。

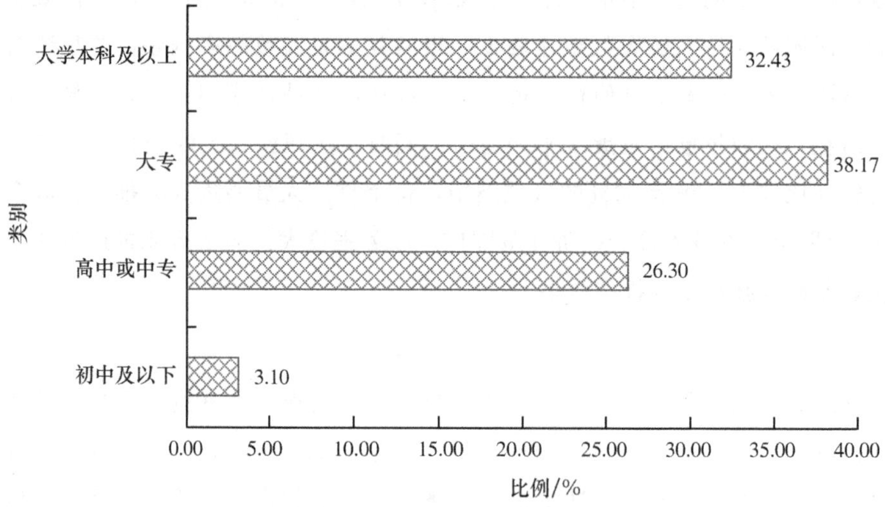

图 9-6　河北基层推广人员学历情况

资料来源：课题组调研数据

4. 农技人员工资待遇低，专业人才流失严重

基层农技推广人员是站在农技推广的“最后一公里”上的，科技创新、

技术推广、教育培训成为促进农业科技发展的“三驾马车”，而技术推广更是最为重要的。如何使这驾马车在“最后一公里”上加速前进，关键在于是否能留住农技推广的专业人才。目前，河北省农技人员的年收入大多在1万～3万元，有55.02%的河北农技人员认为现有待遇较低，加之农技推广工作环境困难，尤其是经济不发达地区的基层农技推广部门，很多农业及其相关专业的毕业生宁可从事非对口专业在城市工作，也不希望到乡镇基层工作。目前，已有82.07%的被调查者认为目前农技推广队伍缺乏专业人才，大量专业人才严重流失，难以建立一支稳定的专业农技推广队伍。

二、农技推广手段滞后，成果推广效率较低

农技推广手段是农技推广工作的客观条件，是否拥有与时俱进的推广方式关系到农技推广工作能否顺利实施。基层农技推广机构缺少必需的基础设施，现有办公设备和交通工具已不能适应农业经济发展的要求和农业技术推广的需要。现在的乡镇农技推广机构运用的推广方式还停滞在原始阶段，一些农技人员的工作方法仍停留在20世纪六七十年代的水平上，无法及时地向农民提供全面及时的信息，无法向农民传授最新鲜的农业技术，无法把现有的农业技术应用到农业实际生产中，致使河北省的农业生产技术普及率不高，造成了技术闲置的局面。

1. 办公设备不足，影响推广速度

目前，河北省基层农技推广机构的基本设施不完备。16.31%的区域站还没有配备电脑，农技人员只能靠一张嘴、一支笔、一本簿子搞服务，早已跟不上信息传播迅速发展的步伐。农技推广的最新政策、信息和知识等在电脑上分类记录，可以提高农技推广的效率，给农技人员区配备电脑进行工作是非常必要的。随着基层农技推广的发展，农技推广的信息量越来越大，农技人员需要通过网络及时获取新信息、更新旧信息并传递信息，然而还有25.37%的区域站没有上网条件，不能将最新最适宜的农技成果普及到农民的田间地头，严重影响了农技推广的速度。另外，区域站拥有的化验室或检测室数量较少，39.61%的区域站还没有化验室或检测室，许多基本的检测项目仍要到高级农技推广中心才能完成，大大延长了获得新的研究项目结果的进

程，影响了农技成果的科研速度和传播效率。

2. 交通工具落后，影响推广范围

目前，河北省由于农技人员不足、地区跨度较大、农技人员的推广服务范围扩大，要想保证农技推广工作在责任范围内按时、按量、按质完成，急需为农技人员增配必要的交通工具。调查显示，农技人员的服务工具多是自行车、电动车或摩托车，很少有区域站配有汽车，84.59%的农技人员反映现有的交通工具落后，严重制约了推广服务的责任范围。

3. 农技推广资金缺乏，推广效率难以提高

农技推广资金是农技推广工作的保障，推广资金缺乏严重制约了推广效率的提高。虽然政府部门对于农技推广工作越来越重视；但是我国农技推广投资强度一直较低，不足0.2%。一般来说，发展中国家农技推广投资强度应在0.5%左右，发达国家应为0.6%～1.0%，可见我国的农技推广投资强度还有待进一步提高。此外，农技推广机构的科研经费较少，推广经费不足。统计数据表明，我国的农业总产值中农业科研经费所占比例一直较低：1980年为0.27%，1985年为0.17%，1990年为0.12%，而发展中国家的农业总产值中农业科研经费应占1%～2%，且农技推广经费应高于科研经费。目前，河北省实行由政府提供无偿服务为主的农业推广方式，受到资金不足的限制，组织规模较大、持续有效的农技成果转化推广活动困难较大。调查显示，99.8%的农技推广站经费全部用来发放人员工资，没有成果转化推广专项经费，直接制约着农技推广工作的顺利展开。通过相关数据变动可以发现：农技人员对加强基层科技服务、提供农业专家支持和农业技术服务，以及建立和健全农业社会化服务体系的重视度进一步提高；农技人员不再是单纯地希望补贴现金、农资和种子，提高农产品价格，因为仅以这些来支持农业生产，虽然在一定程度上调动了农民种田积极性，但无法突破农业科技转化与推广的瓶颈期。因此，只有从根本上完善基层农技推体系，才能使科技成果转化率、农业技术普及率和农业技术入户率实现质的飞跃。

第五节 促进河北农技协发展的对策建议

据调查显示，农户迫切需要的支持是对技术的培训以及专业人士的指导，由此提出以下 4 点建议。

一、完善基层农技推广机构建设

充分重视农技推广机构的改革，农技人员素质的高低是搞好农技推广的关键。①根据不同地区、不同条件摸清农技部门情况，围绕地区农业发展特点，按照“一地一方案”“同技不同用”的原则，采取地区划分、乡镇分层的方式，对各个基层农技推广单位进行改革，完善必要办公设施，健全信息网络服务体系，增配必需服务交通工具，在硬件条件上为基层农技推广工作能够顺利进行提供可靠的保障。②根据不同学历、不同职称，摸清农技人员水平，围绕农业技术成果的适用性，按照学用结合的原则，采取分层次的方式对农技人员加强培训，增加农技人员的深造机会，提高农技人员的专业技能，创新农技人员的服务方法，在人员素质上为基层农技推广工作得以高质、高效完成提供强大的动力。③根据不同职责、不同级别，摸清农技人员分布，围绕农技推广任务的性质，按照“四承包四挂钩”的原则，即承包项目、承包工程、承包示范区、承包示范户和挂钩工资、挂钩奖金、挂钩职称、挂钩职责，采取目标责任制的方式对农技人员职能进行分类划分，完善农技人员的分工合作，明确农技人员的责任范围，督导农技人员的推广服务。

二、完善农技推广支持政策

1. 加大农技推广的财政投入

目前，河北省的基层农技推广资金主要来自政府部门的财政投入，加大农技推广的财政投入有利于基层农技推广工作的进一步延伸。随着农业结构的调整，为适应现代农业的快速发展，河北省政府对农业的财政投入日益增加，农技推广的财政投入绝对额有较大幅度的增长；但是，财政农技推广数额相对财政农业总投入来说，其绝对额增长幅度明显不足。在增大农技推广财政投入时，要充分考虑河北省农业发展阶段和农村经济发展水平，根据新时期财政农业总支出和农业总产值等指标，对现有规模进行调查，规划下一阶段合适的农技推广财政投入资金额度。

2. 改善农技推广的财政投入结构

河北省农技推广经费主要包括农业新品种和新技术的引进培育、示范推广等技术推广经费，农技人员的后续教育和培训等方面的人员培训经费，农业教育与科技协作经费，重点农业单位的补助经费。目前的农技推广经费中有较大比重是用于人员补助经费，而技术推广经费所占比重不足。技术推广经费是农技推广工作的基础，只有保证了足够的科研项目经费，才能使农业技术普及率提高；人员培训经费是农业科技成果转化的内在支撑，只有提高农技推广队伍的整体素质，才能充分发挥实际推广工作中最重要的人的因素的能动作用，使得农业技术的实用价值增值；人员补助经费是农技人员提高工作效率的推动力，只有保证了农技推广队伍的整体稳定性，才能在提高工作中以更高的热情进行推广服务。要结合当地具体情况，合理分配农技推广经费，使得有限的经费得到最大限度的利用，使农业技术推广工作成效以更大幅度提高。

三、完善人员激励考核机制

建立健全的人员激励考核机制能够提高农技人员的工作积极性。一个高效的激励考核机制应包括考核内容、考核方式和考核结果的适用 3 个方面。①在考核内容方面，要以完备的指标体系为基础，以农业技术推广转化的市场实际效益为标准，对农技人员的工作进行合理、科学的量化分析。②在考核方式方面，要以相关领导部门的考核评价为基础，农民的反馈信息为辅助，并充分重视相关合作单位的意见建议；考察农技人员是否完成了上级部门分配的任务，推广服务是否符合农民的需求意愿，农科教协作是否达到合作推广目标。③在考核结果方面，实行“三联”，即与津贴发放相联系，执行绩效工资，并进行合理分级；与职称评定相联系；与职务晋升相联系。此外，对工作突出的优秀人员给予更多的嘉奖，充分调动农技人员的工作积极性；对欠发达地区的农技人员实行工资倾斜政策；加强条件艰苦的区域站的基础设施建设。

四、协调发展多元化农技推广主体

1. 发挥基层农技推广机构的公益性推广作用

一是政府推广机构直接指导农民生产技术，两者之间形成密不可分的联系；二是政府推广机构为相关涉农企业、农村信贷机构提供信贷审议和技术咨询；三是政府推广机构向农民传达最新农业政策，向政府反馈农民意见建议，并协调合作机构的发展。

2. 发挥农民专业合作社和涉农企业的扩散性推广作用

农民专业合作社和涉农企业参与农技推广项目的实施，引进新技术，示范指导，并给农户提供技术培训，走近农业生产实践，拉近了与农户的距离，提高了农业技术转化为实际生产力的速度。大力发展产业化经营，发挥规模经济的优势，减少农业生产的成本，带来更大的经营市场效益，为农民增收，使农业增产。

3. 发挥农业社会化服务组织和农业科技园区的生产服务性推广作用

依托基层农技推广机构，根据农业生产的实际需求，组建和发展农业社会化服务组织，兴办农业科技园区。在推广过程中，依托农业社会化服务组织和农业科技园区的平台，为农民示范技术使用：一方面把农业技术成果转化为实地生产力；另一方面让农民把使用的农业技术看懂、学会、用好。借助这些生产服务性推广组织，拉近农业技术知识与农民的距离，做到农业技术服务与农业技术示范的结合，实现农业技术理论与生产实践的结合，实现“指导农户学，教引农户做，帮助农户销，实现农户富”的目标。

4. 发挥农业科研教学单位的科研性推广作用

把农业科研院所的人才和科技优势作为农业科技创新的基石，把农业科研院所作为协作培训基地和试验示范基地，把新品种的培育、新技术的研发与新项目的示范、新成果的推广相结合。选派科技特派员指导农民生产，挑选优秀科研人员组建专家大院指导农业技术，实现农业科研、教育和推广的有机结合。

第十章 山东省农村专业技术协会调研报告*

课题组在山东省农村专业协会（以下简称“山东农技协”）负责人的积极协助下，对山东农技协的发展及科技志愿服务情况进行了深入调查。借助学生假期返乡的机会开展线下调研，共获取问卷 9 份，通过农技协内部组织系统开展线上调研，共获取问卷 52 份，累计获得问卷 61 份，其中农技协带头人问卷 15 份，农技协科技服务人员问卷 31 份，农技协社员农户问卷 15 份。通过线上线下广泛深入的调研，全面分析了山东农技协组织发展及科技志愿服务的基本现状，以便更好地发挥农技协在普及农业科技、提高农民科学素质、助力农业农村经济发展中的重要作用。

第一节 山东农技协组织制度建设

一、山东农技协发展演变

山东农技协于 1997 年成立，经过 20 多年发展，2018 年山东农技协拥有基层农技协组织 6 800 多个（基层组织是指基层协会，比如基层的各类瓜果协会、蔬菜协会、畜禽养殖类协会、种植类协会等），会员总数达到 200 多万人，组织网络遍布全省每个乡镇，服务体系十分完善。

二、山东农技协组织体系

2018 年 6 月，山东农技协召开了第三次会员代表大会，通过选举，成立了由挂靠单位领导、科研院所专家、涉农企业主管、农村基层组织带头人和一线专家组成的，具有广泛代表性的新一届理事会领导机构。目前理事会 71 人，监事会 3 人，学会理事长、副理事长、秘书长由三届一次理事会选举产

* 本章作者为张炬（山东省农技协）、华静（宁夏大学）、钱安淇（中国农业大学）、鹿傲飞（中国农业大学）、李阳阳（中国农业大学）。

生，并经省科协批准，报省民管局备案。

目前大部分地市建有市级农技协和县级农技协，一般是与科协合署办公，由科协人员兼任农技协职务，部分地市因为种种原因导致农技协没有换届或是注销农技协（具体数据没有统计），个别地市的农技协已与当地科协脱离。

近年来，山东农技协加强了组织体系建设，推进新型农技协联合会建设，在桓台、单县、汶上、临朐、莘县等地开展了县级农技协联合会建设试点工作，取得了可复制的成功经验，为加强农技协组织建设探索了一条可持续发展的道路。

根据实施乡村振兴战略规划要求和现代高效农业发展的需要，山东农技协陆续成立三大类 10 多个专业委员会。各专业委员会在省农技协的协调和服务下可持续发展。

三、山东农技协运行机制

截至 2020 年，山东的农技协中，成立了党支部的约占 33.3%，大部分基层农技协没有成立党组织。

山东农技协按技术服务类型划分，有 13.3%的为技术交流型组织，主要围绕农业生产开展技术和经验交流，66.7%的为技术经济服务型组织，除了提供技术指导服务外，还提供产前、产中的技术经济服务，如以优惠价格为会员提供良种、肥料、饲料、农药等配套服务，技术经济实体型组织占 13.3%，其他类型占 6.7%（图 10-1）。

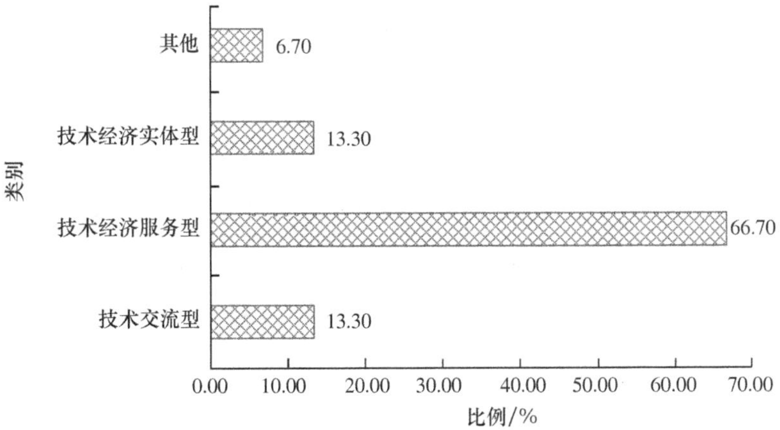

图 10-1 山东农技协组织类型对比

资料来源：课题组调研数据

山东农技协按发展组织模式划分，“协会＋农户”模式占6.7％，“协会＋合作社＋农户”模式占20％，“协会＋基地＋农户”模式占20％，“协会＋公司＋基地＋合作社＋农户”模式占20％，“协会＋公司＋合作社＋家庭农场＋专业户＋基地”模式占33.3％（图10-2）。

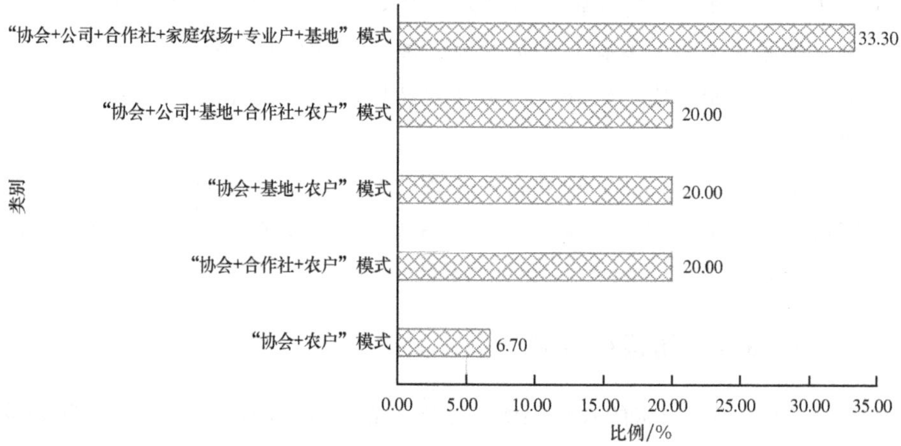

图10-2　山东农技协经营模式结构对比

资料来源：课题组调研数据

山东农技协按产业服务对象划分，粮食种植为主的占26.7％，果蔬种植为主的占53.3％，生产加工类占13.3％，新型（指传统种植、养殖、生产加工以外的类型，如旅游、休闲、工艺品制作服务等类型）占6.7％（图10-3）。

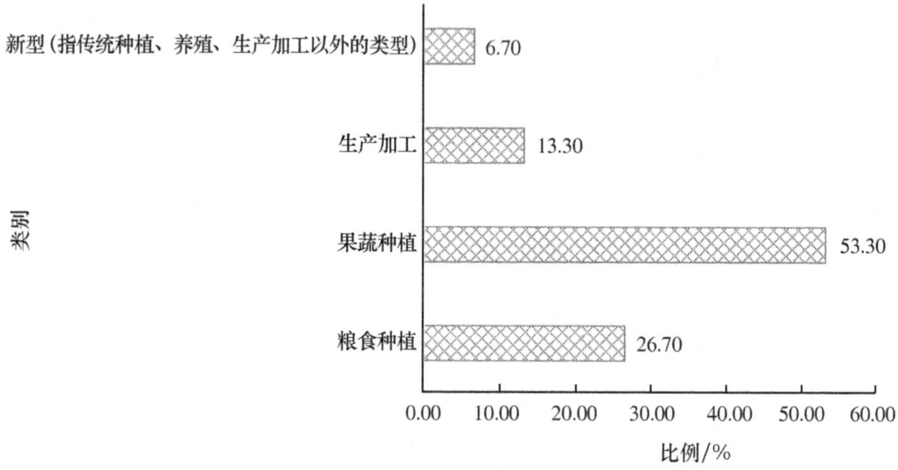

图10-3　山东农技协产业结构对比情况

资料来源：课题组调研数据

四、山东农技协经费来源

山东农技协经费来源一部分是承接上级农技协、主管部门和有关部门项目，政府资助，以及在民政部门核准的业务范围内开展活动和服务的收入等，还有一部分是来自会费与社会各界捐助等。

第二节 山东农技协科技小院创建

一、科技小院建设典型做法

根据中国农技协要求，山东农技协积极探索科技小院建设工作，根据山东主导产业发展需要，考察多肉植物、粮食、蔬菜、果树、中药材、西甜瓜、草莓等产业科技小院建设工作，为成立山东科技小院联盟及中国农技协科技小院挂牌工作奠定了基础。

二、山东农技协组织典型做法

第一，举行“全国科技工作者日”科技服务主题活动，邀请山东农业大学的专家教授们，对多肉植物病虫害防治、组织培养、数字智慧农业建设和生产栽培管理等技术进行现场指导，并为桓台县润邦多肉植物科技小院揭牌，对科技小院建设进行参观和指导。

第二，积极开展山东省科普示范工程山东农技协“科普示范团队”项目，来自中国农业大学、中国农科院、西北农林科技大学、山东农业大学、山东省农科院、青岛农业大学等高校科研机构和各地基层乡土专家教授“山东农技协科普示范团队”专家人数已达300余人，开展了一系列科普服务。山东农技协科普示范团队专家分别到泰安市、桓台县和烟台现代果业公司开展了功能性小麦新品种现场指导观摩会、果蔬绿色生产技术提升指导和果园建设转型升级技术培训，服务协会会员、种植大户，受益达3 000多人次。

第三，在2019年开展山东万名农技协领办人培训工程基础上，2020年山东农技协开展了农技协领办人创新创业提升工程，开展农技协领办人创新创业大赛、增强了基层协会创新创业服务能力，助力乡村人才振兴。

第四，开展“果蔬绿色生产提升工程”，联合山东农业大学、青岛农业大学和山东省农科院等专家制定绿色生产提升方案，精选高质量绿色生产投入品，通过技术培训、示范田建设、观摩学习等活动，在全省农技协系统开展果树蔬菜绿色生产技术推广。在淄博市科协和聊城市科协的配合下，分别在临淄区建立了番茄、甜椒、西葫芦示范基地，在莘县建立了西甜瓜示范基地。

第五，围绕山东省新旧动能转换十大产业中的现代高效农业工作，山东农技协承接烟台莱阳市果树产业绿色高效生产创驱行动。在深入项目示范区企业、基地开展充分调研对接的基础上，为示范区建立起翔实的项目需求库和专家资源库，根据问题导向和产业创新发展需要，制定了科学的创新驱动发展工程实施方案。通过与协作单位的通力合作和大量扎实有效工作，帮助创新基地建起产业创新平台，进一步促进科技创新成果转化。

第三节　山东农技协开展的科技志愿服务

一、山东科技小院提供的科技志愿服务

山东科技小院提供的科技志愿服务如表 10-1 所示，主要包括宣传和讲解种养殖、经营管理新技术等科普知识；指导种养殖过程中如何进行病虫害防治；指导选购具有优良品质的农产品品种；科普讲解农产品电商技术，普及直播带货、网络销售等知识；科普讲解农业保险相关知识；提供机械水利服务等。

表 10-1　山东科技小院提供的科技志愿服务内容

科技志愿服务	占比/%
宣传和讲解种养殖、经营管理新技术等科普知识	61.2
指导种养殖过程中如何进行病虫害防治	16.1
指导选购具有优良品质的农产品品种	19.4
科普讲解农产品电商技术，普及直播带货、网络销售等知识	12.9
科普讲解农业保险相关知识	3.2
提供机械水利服务	9.7

资料来源：课题组调研数据，由于该题为多选题，故各选项占比之和大于 100%。

二、山东科技小院科技服务情况分析

中国农技协科技志愿服务山东分队和山东省科协新时代文明实践农业科技志愿服务农技协服务队两个服务队，开展科技志愿服务30余次。志愿服务队伍中拥有大专及以上学历的人员占总数的80.6%，具备较高的专业素养与服务能力。51.6%的服务人员一年平均下乡11次以上。

三、山东省农技协助力乡村振兴的作用

经调查，60%的受访人员表示山东农技协提高了当地农户的科学文化素质；86.7%的受访人员表示通过“土专家”、科技示范户等人的示范作用，把科技知识直接迅速、有效地传播到农民中去；73.3%的受访人员表示山东农技协组织帮助培养了一批乡土技术人才；53.3%的受访人员表示山东农技协组织连接了农技协与农业科研院所、大专院校、推广机构和学会组织等，引进了现代农业先进实用技术；40%的受访人员认为山东农技协聚集了同一类生产项目的农户，以技术连接为纽带，集中土地、规模生产，应用大型机械和水利灌溉设备，推动了农业产业结构的调整和优化。

第四节　山东农技协发展中面临的现实困境

经调查，山东农技协存在的主要问题如表10-2所示。

表10-2　山东农技协组织发展存在的困难与问题

存在问题	比例/%
定位不清晰，过度追求经济效益忽略技术服务，不清楚农技协与合作社的区别	6.07
发展和运行资金短缺，自我供血能力不足	80.00
无法与科研单位建立持续、长久的合作关系，缺乏专业技术人员	26.70
缺乏政府部门资金、项目、税收等政策支持	66.70
技术培训、农村科普活动等未形成常态化	20.00
和其他农技协合作较少，独自发展难以抵御市场风险	33.30

资料来源：课题组调研数据。

结合调研数据整理总结，并且查阅相关资料得出山东农技协发展乏力原因及当前面临的困难和问题。

从调研情况来看，各农业综合服务站靠财政拨付的人头办公经费仅能维持日常工作，根本无法开展必要的新技术试验示范工作，使农业技术推广工作只能停留到面上，根本到不了农民手中，工作表面化，形式化，服务职能严重弱化。甚至有的乡镇政府给乡镇农业综合服务站制定创收任务，根本不重视农技推广服务工作的开展，使乡镇农技推广工作脱离了服务主题。

由于乡镇财政实力有限，基层农技推广人员工资待遇和业务经费均缺乏保障。2006 年，《国务院关于深化改革加强基层农业技术推广体系建设的意见》规定："地方各级财政对公益性农技推广机构履行职能所需经费要给予保证，并纳入财政预算。"乡镇农技推广机构虽然在乡镇改革后被纳入财政全额拨款的公益性事业单位，但由于乡镇财政实力有限，财政只能保障农技人员的基本工资，对于日常办公经费和业务经费均无法纳入财政保障范围。加上乡镇改革将原先乡镇农技站承担的农资供应、产后加工和营销等服务分离出去，没有了市场盈利的返还，致使乡镇农技站运转经费更难筹集。即使是乡镇农技人员的工资也仅能维持在较低水平，多数乡镇仍执行 1998 年的工资标准，甚至有部分农技站为差额拨款或自收自支事业单位，且职称工资也不能兑现，部分乡镇农技人员的工资与部门上交创收任务直接挂钩，完不成任务的还要减发或扣发本人工资。

与此同时，乡镇改革后，有些乡镇农技站资产被平调、挤占、变卖，加上乡镇财政困难，致使大部分乡镇农技推广站既缺乏开展农技推广服务所必需的一些检测、试验、宣传、培训、通信以及办公等仪器设备，也没有购置必要的下乡交通工具，如摩托车、面包车等，更没有独立的生产试验示范基地，推广手段十分落后，部分乡镇农技推广工作呈现瘫痪、半瘫痪状态，严重影响和降低了农技推广工作效率。

农技推广网络的设置也并不健全，缺乏研究机构、企业和农业科技示范户的广泛参与，农企分家的局面普遍存在，农村专业合作社与县乡农技推广两大技术推广网络各自为战，缺乏有效的协调，限制了农业高新技术成果的推广应用。

第五节　促进山东农技协发展的对策建议

经调查，93.3%的农技协表示亟须得到政府、科协等部门的资金和项目支持，46.7%的农技协组织表示希望得到高等院校及科研单位等持续长久的人才支持，46.7%的农技协组织表示应当加强顶层设计，协调农技协之间的合作，整合资源共同发展。

结合调研数据中山东农技协组织反映的需求以及希望获取的支持，提出推动农技协高质量发展的对策建议。

一、加大财政投入

近几年，随着中央、地方对“三农”事业的投入不断加大，县级农技推广机构各项办公条件有所改善，但是乡镇农业综合服务站各项基础设施建设依然薄弱。目前全县缺乏一个固定的新型农民培训场所，许多新技术得不到示范、推广，农产品质量安全检验检测缺少必备的场所和仪器设备，建议加大财政投入力度，建立一处新型农民科技培训中心，为培训懂科技、懂知识的新型农民提供场所。建立高标准农业试验示范基地，加快推进新技术的试验示范推广。各乡镇组建农业机防队，实现农作物病虫害的统防统治。同时要进一步完善农产品质量安全检验检测站建设，为全县人民的饮食提供安全保障。同时建议加大对农技推广体系的投入，配备必要的技术传播及培训、指导所需的设备，配备必要的检验检测设备；加大山东农技推广体系基础设施建设投入，改善乡镇农技推广体系干部职工的工作环境。

二、完善各项机制

进一步贯彻落实上级各项文件精神，加强基层农业技术推广体系建设，明确公益性职能，合理设置机构，各县局（办）在招考人员时，应严格招考农业相关人员，进一步调整农技推广人员专业结构，提高为三农服务的水平。乡镇农业综合服务站人、财、物收归县局（办）统一管理，人员统一调配，为乡镇农业综合服务站增加编制，充实力量，同时将县级各农技推广机构功能进一步整合，形成统一管理体制。在加强县乡两级农技推广体系建设的同时，应搞好村级农技推广服务点建设，每村设立1～2名专职农技服务人员，发展5～10名农业科技带头示范户，整合农村远教、计生课堂等资源，打造村级培训网点。实现完善县级、加强乡级、发展村级农技推广机构的总体目标，形成县、乡、村同步，商、企、农参与，集科、教、服、产、学、研、推于一体的基层农技推广体系。

三、实施素质提升工程

充分利用科技入户、新型农民培训、阳光工程等项目资源和农村远教、农广校、职业中专等培训资源，开发农业各领域的培训课件资源和专家系统，定期不定期对县乡村农业技术推广人员及农业龙头企业管理、财务、营销、技术人员进行培训，并建立学习档案，改变较单一的专业知识教育，加强实践教学，培养成百上千的知识全面复合型人才和专一型高技能拔尖人才，提高农技推广人员业务水平，更好地服务农业、发展农业，适应新形势下农业生产发展对农技服务的需要，推动现代农业发展。鼓励技术人员要积极申请担任科技特派员或到涉农企业、合作社担任技术顾问，实现与服务对象的零距离接触，在实践中提高自身的业务能力和素质。搞好农村实用人才开发，让更多懂生产、会经营的农村实用人才脱颖而出，培植和壮大全县农技推广队伍。最终在全县形成以县、乡、村三级服务网络为主体，合作社、涉农企业、各类农村实用人才广泛参与，共同为全县现代农业发展献智出力的良好局面。

四、利用信息化手段加快智慧农技协建设

利用互联网、大数据、云计算、物联网等信息化手段，搭建起农技协信息化服务平台，依托山东农技协信息追溯和农产品流通专业委员会，建立农产品信息追溯和优质农产品产销电子商务平台，通过互联网信息化服务，带动全省协会发展，助力乡村振兴。做好山东农技协网、山东农技协公众号等智能化、信息化宣传平台，助力山东农技协发展。

第十一章　吉林省农村专业技术协会调研报告*

课题组在吉林省农村专业技术协会（以下简称“吉林农技协”）负责人的积极协助下，对吉林农技协的发展及科技志愿服务情况进行了深入调查。通过农技协内部组织系统开展线上调研，共获取问卷 111 份，其中农技协带头人问卷 24 份，农技协科技服务志愿者问卷 68 份，农技协社员农户问卷 19 份；通过科技小院组织系统开展线上调研，共获取问卷 56 份，其中科技小院入住学生问卷 46 份，科技小院入住教师问卷 10 份。通过线上线下广泛深入的调研，全面分析了吉林农技协组织发展及科技志愿服务的基本现状，以便更好地发挥农技协在普及农业科技、提高农民科学素质、助力农业农村经济发展中的重要作用。

第一节　吉林农技协组织制度建设

一、吉林农技协发展演变

吉林农技协成立于 2015 年，现有会员 109 人，同年成立吉林农技协党支部，有党员 89 人。通过引导基层农技协成立党组织，发挥党建的政治引领作用，把党建与协会产业发展相结合，两手抓，两不误，组织农民学习政策、学技术、学经营，使农民从科技帮扶中获得成就感、幸福感。

2021 年，吉林农技协依托各级科协组织，在全省 9 个地区、51 个县（市、区）成立农技协联合会。2021 年，长春、四平、白山、延边和松原地区，共新建基层农技协 10 个，其中在民政注册登记 8 个，科协备案 2 个。

---

* 本章作者为魏星华（吉林省农技协）、华静（宁夏大学）、钱安淇（中国农业大学）、鹿傲飞（中国农业大学）、李阳阳（中国农业大学）。

二、吉林农技协组织体系

2021 年 7 月，吉林省农技协根据《吉林省农村专业技术协会章程》，经省农技协第三届常务理事会决定，在长春市召开了省农技协第四次会员代表大会。会议选举产生了吉林农技协第四届理事会和第一届监事会，吉林农业大学二级研究员高光当选吉林农技协第四届理事会理事长，王立春等 12 人当选为副理事长，韩永林当选为秘书长，张胜利当选为监事长；会议通过了省农技协第三届理事会工作报告的决议和关于《吉林省农村专业技术协会章程（修改草案）》的决议。

三、吉林农技协运行机制

截至 2020 年，吉林农技协中成立了党支部的约占 37.5％，大部分基层农技协没有成立党组织。45.8％的吉林农技协有农技推广站站长加入。

吉林农技协中，54.2％的为技术交流型，主要围绕农业生产开展技术和经验交流。33.3％的为技术经济服务型，12.5％的为技术经济实体型（图 11-1）。

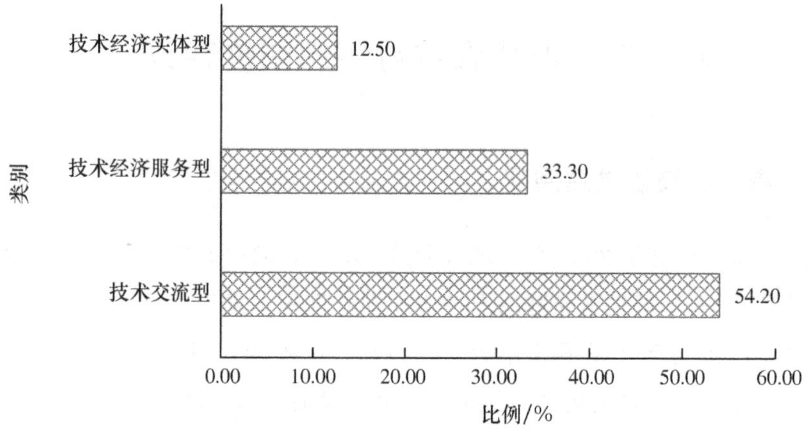

图 11-1　吉林农技协的组织类型对比

资料来源：课题组调研数据

吉林农技协数量中，“协会＋农户”模式占 37.5％，“协会＋支部＋农户”模式占 4.2％，“协会＋合作社＋农户”模式占 25％，“协会＋公司＋农户”模式占 4.2％，“协会＋基地＋农户”模式占 8.2％，“协会＋公司＋基地＋合作社＋农户”模式占 4.2%，“协会＋公司＋合作社＋家庭农场＋专业户＋基地”模式占 12.5%，其他模式占 4.2%（图 11-2）。

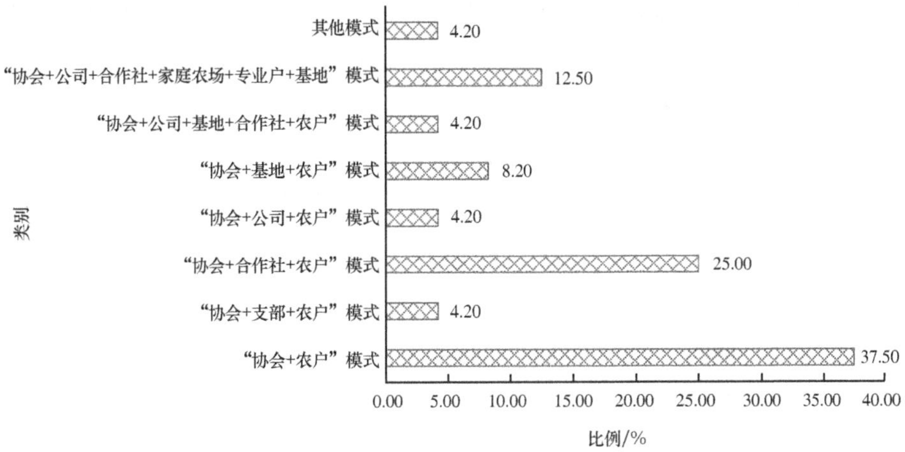

图 11-2 吉林农技协经营模式结构对比

资料来源：课题组调研数据

吉林农技协在产业上以粮食种植为主的占 25%，以果蔬种植为主的占 37.5%。以畜禽养殖为主的占 8.3%，以水产养殖为主的占 4.2%，以新型（指传统种植、养殖、生产加工以外的类型，例如旅游、休闲、工艺品制作服务等类型）为主的占 25%（图 11-3）。

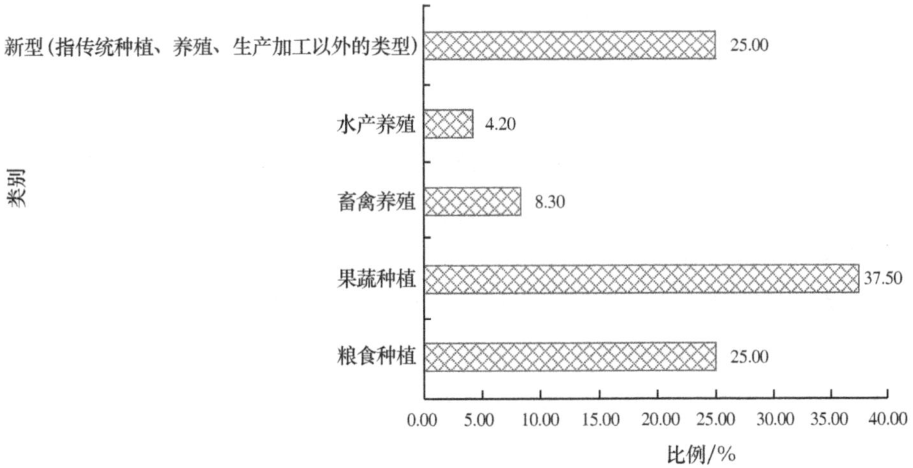

图 11-3 吉林农技协产业结构对比情况

资料来源：课题组调研数据

四、吉林农技协经费来源

吉林农技协经费来源一部分是承接上级农技协、主管部门和有关部门项目，政府资助，以及在民政部门核准的业务范围内开展活动和服务的收入等，还有一部分是来自会费与社会各界捐助等（表 11-1）。

表 11-1　吉林农技协经费来源

经费来源	占比/%
会费	8.3
自创营收	70.8
捐赠	12.5
政府资助	33.3
其他	8.3

资料来源：课题组调研数据。

第二节　吉林农技协科技小院创建

一、吉林科技小院建设典型做法

为推动绿色农业发展，助力乡村振兴，建设一批符合实际发展的科技小院，进一步促进农业高产高效技术创新、示范推广、农业科技人才培养和农业生产方式的转变。吉林科普服务中心、吉林农技协在吉林省科学技术协会副主席穆晓东的带领下，根据中国农技协重点工作的统一部署，通过多次参加中国农技协召开的科技小院建设研讨会和培训班的学习，按照科技小院建设要求和标准，在省范围内组织号召各地开展科技小院申报工作。经过基层科协、农技协推荐，省科协、农技协对申报单位的主体条件、产业特色、专家团队、基本设施等材料进行审定和筛选。同时，成立调研小组，通过走访、考察等形式，对拟建设科技小院单位的基本情况、工作业绩、基础设施建设和技术团队支撑等方面进行调研。在吉林农业大学的大力支持下，最终确定了辽源市明乾绿色禽蛋养殖专业合作社、延边兴林生物科技有限公司、松原市宁江区民乐村、桦甸市金牛牧业有限公司、普兰高科-靖宇基地、吉林省蓝谷水产有限公司 6 家单位为吉林省科技小院重点建设单位。经过前期筹备，该 6 家依托单位已经具备了申报小院的基本条件，按照中国农技协要求，正在组织各单位首席专家填写《中国农村专业技术协会科技小院申报表》。

二、吉林农技协组织典型做法

为农民开展云端农技帮扶工作。省科普服务中心结合“我为群众办实事”实践活动，依托省科技助力乡村振兴专家服务团、高校和科研院所，邀请农业专家录制了 10 期“科协农技大讲堂”栏目，主要包括玉米、水稻、花生、马铃薯、蓝莓、欧李、桑黄、畜禽、淡水鱼等大田、园艺、食用菌、畜牧以及水产等方面的种养殖技术讲座，并通过吉林科普微窗、云课堂、抖音快手以及农技师微信群等线上渠道进行宣传播放，持续为广大农民开展云端农技帮扶。

开展“林农乡土专家”评选认定工作。吉林省森林休憩保育研究会、吉林省林学会、吉林省农技协和省供销农业生产合作协会联合开展了吉林省第四批“林农乡土专家”评审工作，具体分为生产、经营、技能服务、技能带动 4 个类型，评选范围由林业和涉林的农民调整为林业和农业方面的生产经营一线科技人才，种植、养殖、加工大户，经营能手等。该项工作已经连续开展 4 年，共评审出“林农乡土专家”217 名。

承办长春农博会科普大集活动。农博会科普大集活动以“科技赋能乡村振兴，争当农业科创先锋”为主题，以典型示范为引领，宣传展示了省科协科技助力乡村振兴的新方式、新手段。2021 年，科普大集省科普服务中心和省农技协邀请并组织省级农业专家、医疗专家、乡土专家 92 人次到现场，为农民和群众开展科技咨询服务，并在现场展示推介农业新技术、新品种、新成果；进行防疫科普宣传和健康义诊等活动；现场免费发放农业实用技术系列图书、防震减灾、健康养生等方面的科普图书资料以及科普宣传品等近 10 万份。

提升科普活动的信息化水平。吉林农技协与省电视台乡村四季栏目组联合制作“科协在行动”栏目，充分报道科协活动，宣传农业科技人物，推广农村实用技术，传播科技致富思想等，共计播出 56 期，发挥了主流媒体作用，向农村科普积极发力。

第三节　吉林农技协开展的科技志愿服务

一、吉林科技小院提供的科技志愿服务

吉林科技小院提供的科技志愿服务如表11-2所示，主要包括宣传和讲解种养殖、经营管理新技术等科普知识，指导种养殖过程中如何进行病虫害防治，指导选购具有优良品质的农产品品种，科普讲解农产品电商技术，普及直播带货、网络销售等知识，科普讲解农业保险相关知识，讲解金融贷款知识，提供机械水利服务等。

表11-2　吉林科技小院提供的科技志愿服务内容

科技志愿服务	占比/%
宣传和讲解种养殖、经营管理新技术等科普知识	87.5
指导种养殖过程中如何进行病虫害防治	54.2
指导选购具有优良品质的农产品品种	50.0
科普讲解农产品电商技术，普及直播带货、网络销售等知识	37.5
和大型企业共同构建销售渠道，助力农产品卖得好	16.7
科普讲解农业保险相关知识	37.5
讲解金融贷款知识	16.7
提供机械水利服务	20.8

资料来源：课题组调研数据。

二、吉林农技协助力乡村振兴的作用

经调查，66.7%的受访人员表示农技协提高了当地农户的科学文化素质；62.5%的受访人员表示通过“土专家”、科技示范户等的示范作用，把科技知识直接迅速、有效地传播到农民中去；79.2%的受访人员表示农技协组织帮助培养了一批乡土技术人才；41.7%的受访人员表示农技协组织连接了农技协与农业科研院所、大专院校、推广机构和学会组织等，引进了现代农业先进实用技术；12.5%的受访人员认为农技协聚集了同一类生产项目的农户，以技术连接为纽带，集中土地、规模生产，应用大型机械和水利灌溉设备，

推动了农业产业结构的调整和优化。

第四节　吉林农技协发展中面临的现实困境

经调查，目前75%的吉林农技协组织存在发展和运行资金短缺，自我供血能力不足的问题，62.5%的吉林农技协组织表示缺乏政府部门资金、项目、税收等政策支持（表11-3）。此外，诸如市场风险、技术可得性不足、协会发展权责不明确以及缺少技术人员等在一定程度上制约了吉林农技协进一步发展。

表 11-3　吉林农技协组织发展存在的困难与问题

存在问题	占比/%
定位不清晰，过度追求经济效益忽略技术服务，不清楚农技协与合作社的区别	33.30
发展和运行资金短缺，自我供血能力不足	75.00
无法与科研单位建立持续、长久的合作关系，缺乏专业技术人员	37.50
缺乏政府部门资金、项目、税收等政策支持	62.50
协会发展权责不明确	16.70
技术培训，农村科普活动等未形成常态化	33.00
难以满足家庭农场、专业大户等新型农业经营主体的技术需求	20.80
和其他农技协合作较少，独自发展难以抵御市场风险	33.30

资料来源：课题组调研数据。

结合调研数据整理总结，并查阅相关资料得出吉林农技协发展乏力的原因及当前面临的困难和问题。

1. 经费投入难以保障

我国投入基层农技推广的项目资金较少，经费严重不足，年际间增幅不大，设备陈旧，基层农技人员积极性不高，不利于开展相关工作。据不完全统计，发达国家经费占农业生产总值的1%以上，发展中国家在0.5%左右，而我国则不足0.2%，农技推广经费支出不足农业投入的1/10，而且其中80%用于工资开销，真正用于农技推广的资金投入不足1/5。经费短缺导致基层农技推广机构办公条件简陋、实验设备落后、监测仪器陈旧，进而造成农业试验示范基地落后。基层农技推广人员仍普遍采用“一张嘴、两条腿、跑地头、蹲田间”的原始农技推广方式。整体投入基层农技推广体系的资金有限，不利于农技推广，导致推广效率大打折扣，难以达到预期技术推广效果。

2. 现行机构体制不合理

吉林市城区各级农业技术推广机构均为属地管理，没有独立的办公条件，在政府内部办公，因此政府部门调用、借用农技人员的现象普遍存在，个别严重的乡镇农业站基本就是一人站，所以严重制约了新型农业技术的推广和应用。另外城区各农业技术服务部门掌握和储备的实用技术少，虽然每年都多次举办各种农业技术培训班，但并没有形成良好的农业技术推广体系，并且城区农技推广机构的推广经费被挪用、占用现象严重，这就给农技推广工作造成很大的影响，造成农技推广人员工作没有积极性，推广的种植技术不到位，大多还是停留在原有的、简单的常规性种植技术，这已经非常不适应新时期的农业生产。再有农民得不到新的种植技术，加之自身文化素质低，所以导致整个农业生产过程过于传统，因此农业生产效益得不到提高，农民增收幅度不大。

3. 技术推广方式简单

目前城区各级农业科技推广机构的农技推广方式都很简单，并没有真正深入村屯了解农民群众的种植技术需求，基本都是从本部门单方面的主观意愿出发开展技术推广工作，这就造成推广的种植技术与农民的生产实际脱轨，融合不够密切。部分种植技术甚至2～3年或更长时间内一直在推，没有较好地调研、评估这项技术的可持续性，所以农技人员无法准确地掌握哪些种植技术适应当今的农业生产，哪些种植技术已经不再有推广价值而应该将其淘汰。

第五节　促进吉林农技协发展的对策建议

经调查，79.2%的农技协表示亟须得到政府、科协等部门的资金和项目支持，29.2%的农技协组织表示希望得到高等院校及科研单位等持续长久的人才支持，29.2%的农技协组织表示希望加强顶层设计，帮助农技协与合作社等新型经营主体融合发展。结合调研数据中农技协组织反映的需求以及希望获取的支持，提出以下有针对性的推动农技协高质量发展的对策建议。

一、增加经费投入

完善农业技术推广预算制度，构建稳定的财政投入增长机制，逐年提升农业技术推广投入占比。加快改善农技推广机构的工作环境和技术条件，在办公设施、监测仪器、交通工具以及示范基地方面下功夫，提高农技推广机构服务现代农业的能力。中央和省级基层农技推广体系建设专项基金也应优先向乡镇农业站倾斜，鼓励企业等民间资本进入农技推广领域，增加资金投入来源，多方协作，共同促进基层农技推广事业健康发展。目前农业技术推广工作还离不开各级政府的大力支持，为了确保农业技术推广能够长期、稳定地发展下去，各级政府要尽可能加大农业技术推广的投入力度，包括人员、物资以及资金的投入。只有加大投入力度，确保农业技术推广工作不因人员、物资、资金的匮乏等人为原因而中途夭折。另外为了确保人员、物资、资金的投入能够到位，各级政府要建立监督管理机制，力争做到人尽其责、物尽其用。

二、健全工作机制

通过公开招聘、竞聘及择优聘用，将真正优秀的人才选拔到农技推广队伍，提高整体素质。完善考评机制，健全评价指标，建立由上级农业主管部门、乡镇政府和服务农户共同参与的考评机制，客观、公正、科学地评价基层农技推广人员工作量。完善激励机制，把推广业绩与其收入报酬、职称评定、职务晋升等挂钩，充分调动基层农技推广人员的积极性。

三、提高人员素质

制订农业大专院校专业培训和继续教育计划，定期对基层农技推广人员开展技术培训和岗位培训，提高理论素养，保证人员技术和知识得到及时更新。出台激励政策，鼓励涉农专业大学毕业生到基层从事农技推广服务，创立农业试验示范基地。长期以来农业技术推广工作主要载体仍是农技推广人员，因此提高农业技术推广工作者的业务水平显得极为重要。要经常举办一些培训班、学习班，给农技人员“充电”，加强对农技人员专业技术水平和素质的培养，让农技人员充分认识农业技术推广工作的重要性，这样可以更好地解决推广工作当中遇到的各种问题，充分发挥农业技术推广人员的作用。

四、加强品牌科普工作

开展农村科普考察、调研，完善基层农村科普科技志愿服务体系。全面了解基层科普情况，开展基层农技协“三下乡”活动，在科学生产、增收致富方面投身新时代文明实践建设；与主流媒体合作，进一步提升农村和基层科普活动的信息化水平，发挥信息化载体的宣传作用。

第十二章　江西省农村专业技术协会调研报告*

课题组在江西省农村专业技术协会（以下简称“江西农技协”）负责人的积极协助下，对江西农技协的发展及科技志愿服务情况进行了深入调查。通过农技协内部组织系统开展线上调研，共获取问卷192份，其中农技协带头人问卷47份，农技协社员农户问卷47份，农技协科技服务志愿者问卷98份；通过科技小院组织系统开展线上调研，共获取问卷71份，其中科技小院入住学生问卷55份，科技小院入住教师问卷16份。通过线上线下广泛深入的调研，全面分析了江西农技协组织发展及科技志愿服务的基本现状，以便更好地发挥农技协在普及农业科技、提高农民科学素质、助力农业农村经济发展中的重要作用。

第一节　江西农技协组织制度建设

一、江西农技协发展演变

江西农技协于2006年成立，主要职责是积极发挥协会联系农民与政府、农民与科技人员、农村与科研院所、农产品与市场的桥梁和纽带作用，大力培养有知识、有文化、能应用农业科技的社会主义新型农民，积极发展品质优良、特色明显、附加值高的优势农产品，帮助农民增收增效。

江西农技协成立之初，主要面临人员素质差、推广经费缺、机构设置散等多方面难题，迫切需要进行改革保证农技工作的顺利开展。2007年6月，江西省人民政府印发了《关于深化改革加强基层农业技术推广体系建设的实

---

* 本章作者为闵琪（江西省农技协）、李乾（北京工商大学）、曹馨元（中国农业大学）、鹿傲飞（中国农业大学）、李阳阳（中国农业大学）。

施意见》(赣府发〔2007〕14号)，拉开了江西省基层农技推广体系改革的序幕。江西省选择从试点入手，在点上取得经验后，由点到面逐步展开，先后选择了安福、铅山、赣县、泰和、宜丰等12个县进行体系改革的探索与试点，通过引进竞争激励机制，对基层农业技术推广体系实施全员竞聘、岗位轮换、双向选择、优化组合、竞聘上岗。通过签订聘用合同，明确聘用单位和受聘人员与工作有关的权利和义务，极大地调动了农技人员为农服务的积极性。在改革试点地区，当地农技协推行“三推两聘、末位鞭策”用人机制，即通过个人自荐、民主推荐、组织推荐三种途径产生站长候选人，通过县农业局聘任站长，站长聘用站员，实现事业单位人事管理由身份管理向岗位管理转变，由行政任用关系向双方协商的聘用关系转变，同时在试点过程中，探索实践了整合资源、统一建站、集中办公的改革举措，开启了基层农技推广体系改革的破冰之旅。

2009年，江西省按照“整合资源、综合建站，统一协调、分块运作，‘三权’归县、财政保障，双重管理、以县为主”的改革思路，合理设置机构、科学界定职能，强化财政保障，推进管理创新，进一步在赣鄱大地上掀起了基层农业技术推广体系改革与建设的热潮。

江西农技组织经过了多次改革。目前，江西全省11个设区市、95个涉农县（市、区）全部出台改革实施方案，绝大部分县（市、区）已基本完成改革任务，并取得实质性成效。不仅初步形成了县、乡、村、户四级农技推广网络，使得县级机构组织健全，乡级机构日臻完善，而且打破了行政管理界限，建立了乡镇农技综合服务站，实现了与乡镇机构改革无缝对接，取得了良好的成效。

二、江西农技协组织体系

江西农技协创新科技小院党建工作，强化党建引领。2020年，江西彭泽虾蟹科技小院推出“1＋3＋N”模式党建品牌（即1个科技小院，进驻3位支部党员，联系若干位专家/研究生）；2021年3月，在井冈蜜柚小院成立临时党支部，更好发挥党员先锋模范作用，夯实党的基层组织建设。据统计，江西科技小院中有8名同志因表现突出，被发展为（预备）党员。

科技小院驻院师生始终把“学懂弄通做实”习近平新时代中国特色社会

主义思想作为首要任务，讲清楚了习近平总书记关于“三农”工作的系列重要讲话、指示批示精神，讲好了党带领人民创造美好生活的真实故事，讲明白了中国共产党为什么“能”、马克思主义为什么“行”、中国特色社会主义为什么“好”，让党的最新科学理论飞进寻常百姓家。

三、江西农技协运行机制

江西省通过试点的开展进一步激励了基层农技推广服务的活力，提升了服务的效果，强化了支撑产业发展的能力，初步实现了基层农技推广体系改革创新试点工作在推广方式、内容、效果的有机统一。

在推广方式上，载体有特色。通过多年来的精心试点探索，江西省基层农技推广体系改革创新试点工作表现方式和物化成果形式多样，呈现出若干点线面体有机结合的新模式、新样板、新方案。一是以新建区为典型的农技推广智能云平台和石城县的蔬菜农科教产学研一体化农技推广联盟的新模式；二是宜丰县的农技推广体系改革途径“强公益、活经营、促融合”新样板；三是富有江西特色的基层农技推广体系改革创新试点工作方案，切合江西农业发展实际，合乎农业服务需求，形成了可复制可推广的新方案，可供借鉴使用。

在推广内容上，三大机制有创新。江西省通过激励、考评、协同三大机制创新，有力破解了农技推广中存在的服务活力不足、能力不强、效能不高的突出问题。

1. 建立适应农技推广岗位特点的内部激励机制

宜丰县把农技人员作为政策激励的发力点，在履行好公益性职能的基础上，探索为新型农业经营主体、专业化服务组织等提供增值服务并获取合理报酬，使农技人员活力明显增强，主动性积极性进一步提高。

2. 建立规范高效、激励约束并重的考评机制

石城县通过健全考核评价机制，加大了考评结果在绩效工资分配应用中的权重，使农技人员收入与考核结果挂钩，与岗位职责、工作业绩、实际贡献挂钩，建立了一套“定量与定性、线下与线上、平时与年度、物质奖励与精神激励四结合”的考核评价指标，促进了农技人员履职尽责、创新争优，基层农技推广队伍业务素质和服务能力进一步增强。

3. 建立“一主多元、多元协同”农技推广体系

新建区探索了推广资源有效集聚的新途径、农科教有效对接的新模式，建立了科学规范的运行管理与利益联结机制，引导各类主体积极参与农技推广服务，促进了市场化服务组织与公益性推广机构优势互补、良性互动，从而壮大了农技推广力量，提高了农技推广供给能力。

第二节　江西农技协科技小院创建

在中国农技协、中国农业大学指导以及江西省科协、江西农业大学推动支持下，按照中国农技协科技小院申报流程和有关要求，经过材料申报、实地考察、召开推进会等，中国科协于 2019 年 11 月同意设立江西安远蜜蜂、赣州食用菌、广昌白莲、修水宁红茶、彭泽虾蟹、上高水稻、井冈蜜柚 7 家科技小院。

2021 年以来，以开展党史学习教育“我为群众办实事”活动为契机，江西省科协副主席蔡震峰、江西省农技协副理事长游金明带领农技协专家深入抚州、吉安、萍乡等地农村基层指导春耕备耕，全面了解农业农村发展现状、农业产业发展需求、企业农户发展诉求，就第二批科技小院建设开展调研论证，发现各地对建设科技小院热情高涨。在中国农技协、江西省科协的大力支持下，南丰蜜橘、上栗兔产业、铅山红芽芋、新余蜜橘、吉安生猪、赣州湖羊、袁州油茶、奉新猕猴桃、万载龙牙百合、东乡泥鳅、泰和乌鸡、宜丰茶叶 12 个科技小院成功获批，目前已完成挂牌、前期调研和技术对接工作。2021 年 8 月 6 日，江西省又成立乡村振兴科技联盟，整合各方资源，努力成为科技服务基层农业的示范窗口，以及农业人才实践、新型职业农民培养、农业技术示范推广、科技成果转移转化的重要基地。

第三节　江西农技协开展的科技志愿服务

一、普及科学知识

发展现代农业的根本出路在科技。科技小院一头连着高校科研院所，一

头连着田间地头，是增加农业科技供给的重要载体。上高水稻小院推广优质稻“两优一增”壮秆保优标准化栽培和双季稻全程机械化生产关键技术；广昌白莲科技小院有效解决莲农田间水肥管理和病虫害防治问题；修水宁红茶科技小院推进当地优选茶树、科学规划茶树栽植基地；彭泽虾蟹科技小院开展小龙虾发酵饲料投喂及土壤改良试验；安远蜜蜂科技小院在近 600 群蜜蜂中推广应用“中蜂免移虫育王生产器”；井冈蜜柚科技小院攻克蜜柚果品色泽不亮等技术难关。据统计，江西省农技协共开展了 112 次培训，培训人员近 800 人次，入户技术推广 200 余次，解决技术难题 130 余个。尤其是 2020 年，江西省农技协成立“抗疫情、稳生产”农业专家在线服务团队，提供线上技术答疑；开设“云课堂”，科普春季仔猪饲养管理等农业生产知识；编印《新冠肺炎疫情防控期间农业生产技术》；组织水稻、畜禽、食用菌等专业人员以科技小院为基点，奔赴全省 40 余个县市区，有力有序有效帮助各地农业企业复工复产。

二、加强人才培养

江西省第一批 7 个科技小院负责人及驻院导师均具有博士学历，其中具有教授职称的共 10 人，博士生导师 4 人，包括国家“万人计划”领军人才、江西省新世纪百千万人才工程人选，同时，还通过当地科协、农技协、农技推广站等机构聘请了当地有经验的农业领域专家为校外导师，形成校内外“双导师”联合培养制度，确保研究生培养不断线。在实践过程中，学生既要用理论指导实践，也要学会撰写工作日志、调研报告，培育了创新思维、增强了劳动能力。江西农技协通过创新育人模式，培育了一批“懂农业、爱农民、爱农村”的新型职业农民。彭泽虾蟹科技小院专家负责人阮记明荣获 2021 年中国农技协“最美科技工作者”、中国农技协“科技小院联盟最美科技工作者”，井冈蜜柚科技小院专家负责人周春火荣获中国农技协“科技小院联盟最美科技工作者”荣誉称号。

三、加强宣传推介

江西农技协加强与人民日报、新华网、学习强国、科技日报、江西日报等众多官方媒体沟通，得到了关注、报道与宣传。中国农技协理事长柯炳生等领导率领全国各地科技小院负责人参加在彭泽虾蟹科技小院召开的经验交流会，省委宣传部部长施小琳等 10 多位领导在第三届江西高校科技成果对接会上，高度评价科技小院所展示的成果。如今，江西科技小院已成为家喻户晓的品牌。

第四节　江西农技协发展中面临的现实困境

通过对江西农技协带头人的调研，大多数带头人认为当前农技协发展仍然存在一些问题有待解决，其中，有 30.36%的带头人认为，当前江西农技协发展和运行资金短缺，自我供血能力不足；20.53%的带头人认为，缺乏政府部门资金、项目、税收等政策支持；13.39%的江西农技协带头人认为协会无法与科研单位建立持续、长久的合作关系，缺乏专业技术人员（表 12-1）。

表 12-1　江西农技协带头人认为协会存在的问题

存在问题	数量/人	占比/%
定位不清晰，过度追求经济效益忽略技术服务，不清楚农技协与合作社的区别	9	8.03
发展和运行资金短缺，自我供血能力不足	34	30.36
无法与科研单位建立持续、长久的合作关系，缺乏专业技术人员	15	13.39
缺乏政府部门资金、项目、税收等政策支持	23	20.53
协会发展权责不明确	1	0.89
技术培训，农村科普活动等未形成常态化	11	9.82
难以满足家庭农场、专业大户等新型农业经营主体的技术需求	8	7.14
和其他农技协合作较少，独自发展难以抵御市场风险	11	9.82

资料来源：课题组调研数据。

第五节　促进江西农技协发展的对策建议

一、完善管理体制机制

对标中国农技协建设要求，引导和督促各科技小院结合自身实际情况，科学制定完善各科技小院的管理细则，细化管理办法。围绕全面满足现代农业发展、农业供给侧改革和乡村振兴战略的需要，进一步按照农业部要求，继续深入推进机制改革创新，确保工作切实有效开展。实行统一组织领导、统一工作协调、统一财务管理等，同时创新用人机制、创新考评机制、创新培训机制、创新服务机制；搭建好宣传、技术、信息、示范四个平台，实现产业、项目、新农村建设和社会化服务四项结合。

二、完善人才培养体系

加强与科技小院建设所在地政府的联系，联合当地县科协、县农技协等有关部门，通过农业产业技术培训等方式，加强对农技协领办人、新型职业农民、种养大户的技术培养，提升其农业技术水平。强化队伍建设、定向培养基层农技人员，通过“定向招生、定向培养、定向就业”，切合当地现代农业发展的需要和农民的科技需求，破解基层农技人员“进不来、留不住、用不上”的难题。

三、支持开展科技服务

通过调研发现，大多数农户、科技志愿服务者认为，采用新技术后的产值会比原先产值有所增加。因此引导科技小院专家、学生团队联合当地农业农村部门、农技协围绕科技小院所在地产业发展存在的一些关键技术问题，开展技术联合攻关有助于带动当地农业产业发展。当地应围绕制约主导当地农业产业发展的重大技术需求，集聚农科教各方资源、创新推广模式，大力推进农业重大技术转化应用，提升农业产业质量效益竞争力。

四、打造科技小院品牌化

一方面，要及时总结科技小院建设取得成效、运行模式，进一步加强新闻、媒体、微信公众号等新媒体的宣传力度，扩大江西科技小院品牌效应和社会影响力，走品牌化、特色化发展之路。推进全省科技小院推广机构的硬件建设，提高所在基地的机械化水平，同时要注意合理规划购买，避免出现“重引进、轻使用”的情况，加强对农户的机械操作方法培训。建立科技小院学习交流平台，促进小院间的交流与合作，提升其社会地位和形象。

另一方面，应鼓励农户与小院签订合作协议，通过小院帮助农户销售农业产品等，相关部门通过出台法规政策等对合作加以规范与保障，以增加农户对科技小院的信任，树立小院的品牌形象，推动农户与科技小院深度合作，推进农业技术普及，促进农业经济发展。

五、培养新生代人才，缓解队伍老龄化问题

调查显示，江西农技协带头人年龄整体在31～62岁，其中50～59岁带头人最多（表12-2），可以看出基层农技员队伍呈老龄化趋势，老龄化现象是基层农技推广队伍中存在的普遍性问题。

表12-2 江西农技协带头人年龄情况

项目	年龄/岁			
	30～39	40～49	50～59	60及以上
数量/人	7	19	21	1
占比/%	14.58	39.58	43.75	2.09

资料来源：课题组调研数据。

为了顺应新时代乡村振兴战略要求，提升基层农技推广人员为“三农”服务的本领，促进现代化农业建设，要着力培养一批农业技术领域优秀的年轻基层农技带头人。为了吸纳更多优秀的年轻人才，各级农业部门应完善基层农技推广岗位奖励机制，加强岗位所需设备的配置，保障其在职称评定、工资福利以及社会保障等方面的权益。

第十三章　河南省农村专业技术协会调研报告*

课题组在河南省农村专业技术协会（以下简称“河南农技协”）负责人的积极协助下，对河南农技协的发展及科技志愿服务情况进行了深入调查。借助学生假期返乡的机会开展线下调研，共获取问卷807份；通过农技协内部组织系统开展线上调研，共获取问卷748份，其中农技协带头人问卷149份，农技协社员农户问卷217份，农技协科技服务人员问卷382份；通过科技小院组织系统开展线上调研，共获取问卷59份，其中科技小院入住学生问卷43份，科技小院入住教师问卷16份。通过线上线下广泛深入的调研，全面分析了河南农技协组织发展及科技志愿服务的基本现状，以便更好地发挥农技协在普及农业科技、提高农民科学素质、助力农业农村经济发展中的重要作用。

第一节　河南农技协组织制度建设

一、河南农技协发展演变

河南农技协起步于20世纪80年代，在河南省从事农业科学技术研究、普及和技术推广的科技工作者、农民科技致富带头人的共同努力下，1998年12月河南农技协在郑州市召开了成立大会暨第一届理事会。据中国农技协统计，到2000年时，河南农技协的数量就已达到8 535个。

为深入落实河南省委、省政府和中国科协关于科普服务“三农”工作的部署，2006年，河南科协在全省范围内组织开展了创建科普示范县（市、区）、先进农技协和先进农村科普示范基地，带动全省农民依靠科技奔小康活动，即

* 本章作者为孔德杰（河南省农技协）、李乾（北京工商大学）、樊玉香（中国农业大学）、鹿傲飞（中国农业大学）、李阳阳（中国农业大学）。

“三创一带”活动。截至 2011 年初，河南全省共有 83 个县（市、区）、5 280 个农技协和 4 608 个农村科普示范基地参与创建活动。2014 年，省科协、省财政厅配套启动“河南省基层科普行动计划”（其中包括“河南省科普惠农兴村计划”），有力推动了河南农技协的发展，并显著提升了示范带动效果。

据《中国科学技术协会统计年鉴》的数据显示，2014 年全国共有 8 个省份农技协数量超过 5 000 个，其中河南省的农技协组织有 8 285 个，居全国第 3 位，仅次于四川省（10 913 个）和山东省（8 682 个）；河南省农技协拥有的会员数为 98.8 万人，同样仅次于四川省（228.2 万人）和山东省（109.4 万人）。数据还显示，截至 2017 年，河南省已有 8 个中国农技协技术交流中心，数量居全国第一位。

2021 年 10 月 29 日，河南农技协举行了第五次代表大会，评选表彰全省十佳乡村振兴农技协和十佳乡土科技人才，引领各级农技协组织积极投身科普助力乡村振兴主战场。2021 年全省各级农技协开展科技培训、展览展示、调研咨询等农技服务 8 000 多场次，推广先进适用新技术新产品 1 200 余项。

取得一定成绩的同时，更需重视日益突显的影响和制约河南农技协发展的深层次困难和问题，据对河南农技协的不完全调查，全省有章程、有制度、经常开展活动的协会约占 10%；有活动、无章程、无制度的协会约占 60%，无章程、无制度且活动较差的协会约占 30%，全省“一无资金、二无办公场所、三无专职人员、四无实体”的“四无”协会还占有相当大的比例。因此，虽然全省每年都有一些新的农技协产生，但又有更多的协会在消亡，截至 2021 年，河南农技协仅有 324 个。

二、河南农技协组织体系

河南农技协认真贯彻《中共中央关于科协系统深化改革实施方案》《中国科协关于促进农村专业技术协会转型升级的意见》，全面贯彻中央、省委党的群团工作部署，深入推进省农技协深化改革发展，把加强基层农技协组织、制度、基础设施和基层科普组织服务能力等的建设，作为促进农技协组织规范化发展的重要内容。

河南农技协在全省各地科协持续推动和不断努力下，进一步完善了组织体系。据不完全统计，截至 2021 年 10 月底，全省约 60%的地市和 50%的县成立了农技协联合会。

三、河南农技协经费来源

调查发现，如图 13-1 所示，河南农技协经费来源分为以下几种：有 87.92%的经费来源于自创营收，26.17%的经费来源于政府资助，15.44%的经费来源于会费收取，还有 11.41%的经费来源于社会捐助。

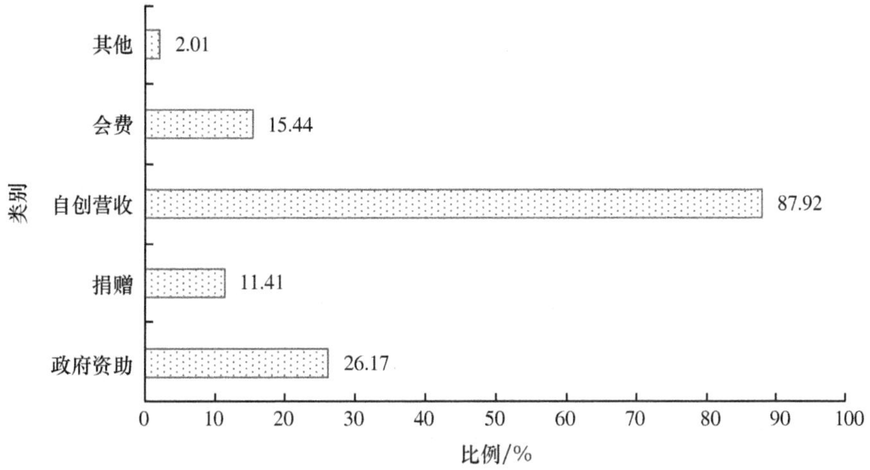

图 13-1 河南农技协经费来源

资料来源：课题组调研数据

第二节 河南农技协科技小院创建

一、河南科技小院提供的科技志愿服务

河南科技小院提供的科技志愿服务如图 13-2 所示：主要包括帮助农民选择或选购农资，接受农民日常生产问题咨询，帮助农民拓宽产品销售渠道、销售产品，日常生产巡查，田间试验，为农户提供技术培训、专家田间指导、示范带动（如高产示范）、科技长廊展览等服务。其中，88.37%的科技小院接受农民日常生产问题咨询，83.72%的科技小院帮助农户进行田间试验。

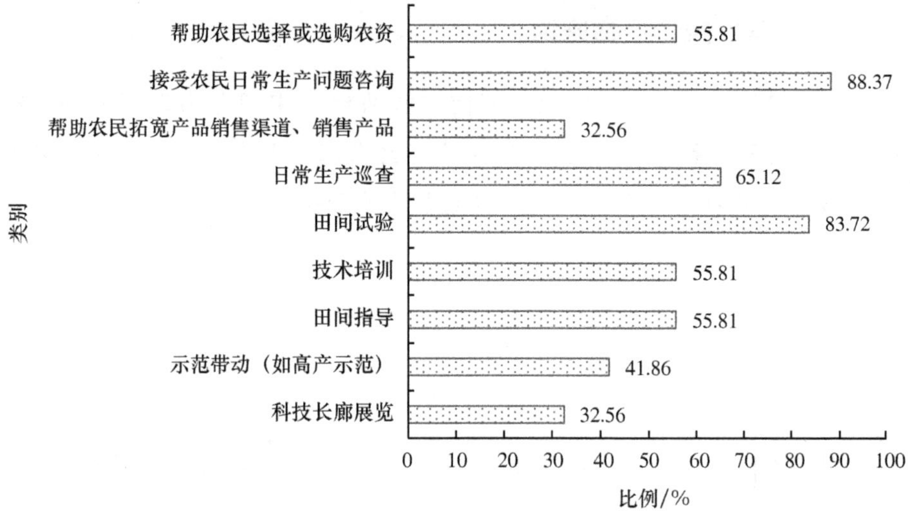

图 13-2　河南科技小院提供的科技志愿服务内容

资料来源：课题组调研数据

二、河南科技小院建设典型做法

2020 年 9 月 21 日，河南科技小院建设工作推进会暨培训会在河南农业大学召开，与会领导为 11 个中国农技协科技小院授牌。河南省在获批 11 个中国农技协科技小院基础上，新建 20 个省级科技小院。河南农技协和河南农业大学签订战略合作协议，推进河南科技小院联盟筹备工作，将全省涉农高校、涉农企业及基层农技协组织、新型农业经营主体纳入进来，扩大了服务乡村振兴范围。

第三节　河南农技协开展的科技志愿服务

一、河南农技协科技服务情况分析

2021 年，河南农技协将防汛防疫和“三下乡”结合起来，指导全省 16 万科技志愿者和科普信息员参与防洪科普知识宣传，转发权威防洪救灾科普文图视频信息 1 000 多万条次；联合河南省文明办在荥阳市、武陟县、范县举办

“i科普”科技志愿服务助力新时代文明实践、乡村振兴集中活动，遴选第三批河南省首席科普专家100名，全省开展各类“i科普”科技志愿服务活动5 000多场次，培育60个特色鲜明、群众受益、社会认可的科技志愿服务项目；在大河网等开设防汛救灾、疫情防控应急科普专题，组织河南教育广播、中国知网邀请20余名专家制作、推送20余期“中原科普说”“中原科普云课堂”等专题科普栏目，向有关省辖市发放科普挂图、手册等防汛救灾科普读物10万余份；编印、发放《新冠变异病毒德尔塔防控科普知识手册》2万册，摄制疫情防控系列科教片《科学抗疫医路有我》，出版科普图书《漫画抗疫》。参与服务农技人员7 119人次，开展技术指导31 242人次，培训服务对象10余万人次。

二、河南农技协提供的科技服务内容

河南农技协提供的服务内容主要包括宣传和讲解种养殖、经营管理新技术等科普知识；指导选购具有优良品质的农产品品种；指导种养殖过程中如何进行病虫害防治；科普讲解农产品电商技术，普及直播带货、网络销售等知识、和大型企业共同构建销售渠道，助力农产品卖得好；科普讲解农业保险相关知识；讲解金融贷款知识；提供机械水利服务等。其中最主要的服务内容是宣传和讲解科普知识、指导选购优良品种、指导病虫害防治（图13-3）。

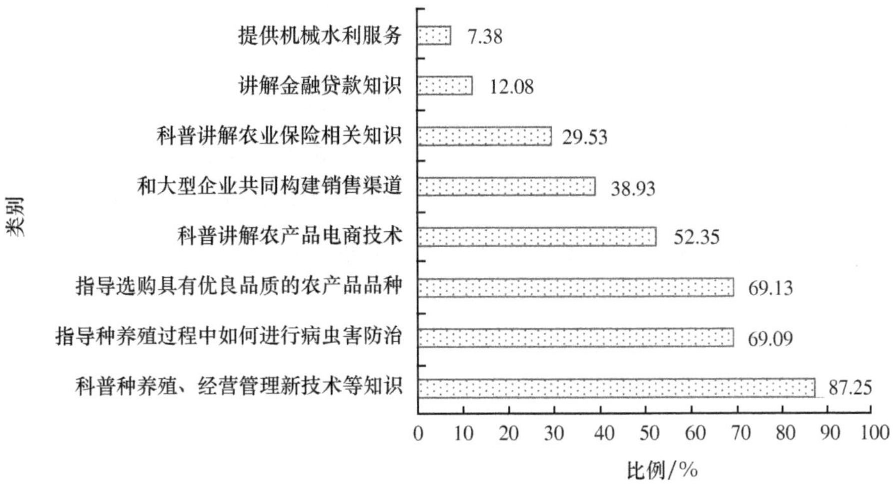

图13-3　河南科技小院提供的科技志愿服务内容

资料来源：课题组调研数据

三、河南农技协组织典型做法

打造科普志愿服务品牌。一是打造科普教育基地品牌。联合河南省文明办修订印发《河南省科普教育基地管理办法（试行）》，新认定106个省级科普教育基地。二是打造中原科普讲坛品牌。先后协办主办38期中原科普讲坛，两院院士参加活动35人次，有效服务各地经济社会发展。三是打造科普示范县品牌。打造舞钢市、商丘市梁园区、信阳市浉河区、汝州市、扶沟县、泌阳县、淮滨县、方城县等8个县（市、区）为2016—2020年度全国科普优秀示范县；协助省科协推荐方城县、舞钢市创建2021—2025年度第一批全国科普示范县。四是打造专题活动品牌。联合举办“三下乡”“科技活动周”“健康中原行·大医献爱心”活动，联合郑州市政府举办中国科幻电影创作高端论坛，联合开封市政府举办河南省首届中原科普高峰论坛暨农业科技创新成果交流大会；自主承办中国科协党校青年科技人才国情研修班、党建引领科技助力乡村振兴活动。

四、河南农技协助力乡村振兴的作用

经调查，77.18%的受访人员表示农技协提高了当地农户的科学文化素质；72.48%的受访人员表示农技协组织帮助培育了一批乡土技术人才；71.14%的受访人员表示通过“土专家”、科技示范户等的示范作用，把科技知识直接迅速、有效地传播到农民中去；64.43%的受访人员表示农技协发挥了连接农技协与农业科研院所、大专院校、推广机构和学会组织等，引进现代农业先进实用技术的作用；42.28%的受访人员表示农技协汇集了相同生产项目的农户，集中土地、规模生产、应用大型机械和水利喷灌设备，便利了协会会员（图13-4）。

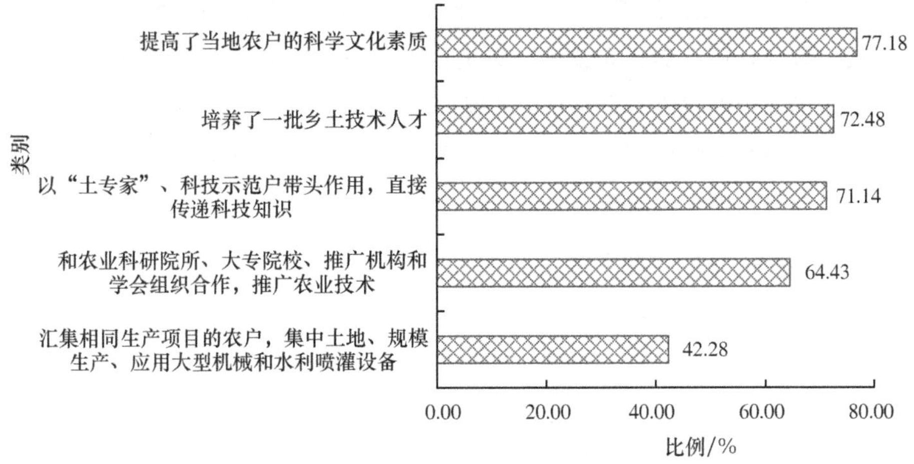

图 13-4　河南农技协促进农业农村发展的主要功能作用

资料来源：课题组调研数据

第四节　河南农技协发展中面临的现实困境

经调查，河南农技协存在的主要问题如表 13-1 所示。

表 13-1　河南农技协带头人认为协会存在的问题

存在问题	占比/%
定位不清晰，过度追求经济效益忽略技术服务，不清楚农技协与合作社的区别	14.75
发展和运行资金短缺，自我供血能力不足	70.47
无法与科研单位建立持续、长久的合作关系，缺乏专业技术人员	30.87
缺乏政府部门资金、项目、税收等政策支持	51.68
协会发展权责不明确	4.03
技术培训、农村科普活动等未形成常态化	23.00
难以满足家庭农场、专业大户等新型农业经营主体的技术需求	12.75
和其他农技协合作较少，独自发展难以抵御市场风险	22.15

资料来源：课题组调研数据。

目前 70.47%的农技协组织存在发展和运行资金短缺，自我供血能力不足的问题；51.68%的农技协组织表示缺乏政府部门资金、项目、税收等政策支持；30.87%的农技协组织无法与科研单位建立持续、长久的合作关系，缺乏专业技术人员；还有部分农技协组织定位不清晰，过度追求经济效益忽略技术服务，不清楚农技协与合作社的区别。

结合调研数据整理总结，并查阅相关资料得出河南农技协发展乏力的原因及当前面临的困难和问题。

1．可持续发展能力不强

目前河南农技协的技术和财务的外部支持主要来源于政府，其他支持途径较为有限。而且，相较于同属于农民合作组织的农民专业合作社，河南农技协的法律地位不明确，对合作社的优惠政策并不覆盖农技协，导致其出现定位模糊、发展方向不明朗的状况。近年来，农村劳动力不断向非农产业转移，导致从事农业的主要是一些文化水平有限的群体，由于他们对于新技术、新事物接受能力较差，对于市场竞争敏感度不强，农技推广的有效性大大降低，不能适应现代农业的发展要求。另外，由于非营利性功能，河南农技协对会员和农户的激励与约束不足，缺少将广大农户会员联结起来的利益纽带链条，难以通过自身积累做大做强，也限制了农技协的可持续发展。

2．运行机制不够完善

在宏观层面，河南农技协主要归口省科协管理，但也受农业（产业规划方面）、民政（登记管理方面）、工商（经营管理方面）等部门的多头管理，有序发展难免受到影响。在微观层面，河南农技协主要由龙头企业、专业大户或农村经纪人牵头成立，其管理运行仍然停留在“少数人说了算”的阶段，协会章程制度大多流于形式，缺乏健全的民主决策程序与执行机制。

3．发展不平衡

受全国农技协整体规划的影响，河南农技协的发展不符合农业人口第一的地位。以农技协奖励资金来源最重要的“科普惠农兴村计划”为例，2011—2016年，河南省每年获得奖补的农技协维持在65～68个，获奖比重低于全国平均水平。河南省内部也存在发展不平衡。在农业产业化发展较好的地区，农技协数量较多、组织规范、带动性强，而在农业产业化规模不大的地区，农技协的作用不够明显；部分协会内部管理规范、决策民主、组织机构和管理制度健全，能够有效开展活动，另外一些则不然。

4. 信息化建设不充分

河南农技协发展建设情况、功能效果宣传、政府支持项目成本收益等方面信息，或缺失，或主要散见于省科协网站，而且缺乏专门板块，几乎未见全面系统的统计，导致反馈改进、政策评估、决策规划等缺乏基本的依据。

第五节 促进河南农技协发展的对策建议

经调查，79.19%的农技协表示亟须得到政府、科协等部门的资金和项目支持，51.01%的农技协组织表示希望得到高等院校及科研单位等持续长久的人才支持。结合调研数据中农技协组织反映的需求以及希望获取的支持，提出以下 6 点有针对性的推动农技协高质量发展的对策建议。

1. 转型升级，推行农技协可持续发展模式

《中华人民共和国农民专业合作社法》的出台为合作社的发展奠定了法律基础，但同时也导致了对于合作社与农技协关系的片面理解，即合作社是主流趋势，农技协则无发展前途。而实际上，不仅各类政策文件明确给予农技协和合作社同等地位，而且农技协（如技术服务方面）和合作社（如市场营销方面）本身也互有优势。但由于当前合作社发展占据主流趋势，对农技协的发展产生了一定的冲击。因此河南省应探索农技协可持续发展模式，推动农技协与合作社共同发展，引导部分农技协向实体化方向发展，或者将服务对象转向合作社及企业等组织，实现挂靠发展，增强农技协对会员和农民的利益联动关系，进一步提高农技协的长效发展能力。此外，建设农技协农村科普示范基地、区域农技协组织联盟，提高农技协组织农技服务能力。结合科技助力精准扶贫工程实施，争取全省所有省辖市和省直管县全部成立农技协，推进产业聚合领航行动、农技协桥头堡行动、“互联网＋农技协”行动。结合全国、省级科普示范县（市、区）建设工作，加强基层农技协组织建设，逐步形成纵横交错的组织网络体系，为搞好农技协工作奠定组织基础。

2. 突出重点和典型，制定农技协区域适应性规划

不平衡和不充分发展是我国新时代的主要难题。对于河南省农业发展呈现出的显著地域差异，各地应在遵循有关法律章程、优惠政策的前提下，根

据本地经济发展水平、社会和文化特点，采取有针对性、可操作性的举措来促进农技协的不断发展壮大。

突出重点和典型。一是在中央政府奖补有限的情况下，河南省应扩大对农技协的奖补数量，积极培育和扶持农技协龙头协会，打造一批主体多元、类型多样、跨区域、带动能力强的龙头协会。二是在农村地区实行以点带面的发展模式。由于农户普遍看重实效，因此在吸纳会员时先选取有文化、善经营的种植能手，取得成效之后，再吸收普通会员，从而不断壮大协会。

从全省全局制定适应性的整体发展规划。农技协的发展讲求因地制宜，河南省各县（市）要找寻适宜的农技协发展模式，向省里汇总之后，再从全省全局制定适应性的整体发展规划。在开展基层科普行动计划中，将项目资金向原贫困地区倾斜。建设农技协助力乡村振兴专家库、项目库、成果库，推进原贫困地区农技协组织建设，为原贫困地区提供智力支持。在经济较发达、市场化程度较高的县（市）乡（镇），可鼓励协会向实体化、合作社方向发展；在贫困落后地区，可以首先鼓励创办技术交流型协会，积累原始会员，形成初级农民组织，为后续向高级组织转化奠定基础。

3. 加大宣传和引导，营造有利的发展环境

在产业、财政、税收、信贷、保险等方面，争取得到与合作社同样的政策扶持。河南省科协应广泛而深入地宣传农技协的基本模式和优势，使相关主体尤其是基层组织意识到农技协的重要性和必要性。各地农技协要实现从无到有的突破，必要依靠基层组织的支持。因此，在宣传中首要侧重于基层组织相关人员。一是通过培训，引导基层干部学习农技协的基本模式和特征，特别是与合作社等其他农民专业合作组织的区别。二是下乡宣传，进一步对农技协发展薄弱县（市）的乡村干部进行访谈，探究农技协在当地发展的可行性。三是按照科普服务乡村振兴、中小学科学教育、城镇社区科普服务3个类型，扶持培育一批具有科协特色的科技志愿服务项目，促进形成资金支持、资源整合、项目引导的科技志愿服务保障机制。

4. 加强管理和监督，形成农技协规范化运行机制

明晰制约农技协发展的障碍因素，形成农技协规范化运行机制。加强部门间的协调与配合，形成扶持、培育、发展农技协的合力。建议精简各级农

技协为直接挂靠同级科协和农技推广部门，减少其他行政干预，以充分发挥农技协的技术服务功能。

注重管理监督，确保农技协的运行有章可循。现实情况表明，河南省部分农民专业合作组织存在重申报、轻管理的现象，导致组织机构名存实亡，给农户留下不好印象。因此，要时刻注重对农技协运行的管理监督，及时纠正不良运行状况。

加强对农技协领办人的培训。制度的运行有赖于人的素质，而且文化程度更高的会员也更能理解农技协的重要作用。可以通过提高领办人的素质来解决其管理和执行能力的不足，以及对于信息反馈的轻视。

发展以满足农民实际需要为目的的职业教育，培养和造就一支有文化、有纪律、善经营、会管理的现代化新型农民队伍，使其成为农技协规范化运行的人才基础。

5. 加强调查和统计，构建农技协可视化信息平台

开展农技协基本情况调查，做好基层农技协普查工作，摸清底数，确保农技协登记在册。准确登记备案是做好农技协相关统计工作的基础，因此要充分发挥农技协联合会的作用，摸清各地农技协名称、联系人、会员发展等信息，实现对农技协的摸底排查。

开展农技协成本收益调查。重点考察协会会员和农户享受服务、收入增益等情况，调查农技协运行绩效，并形成第一手资料，为省委省政府科学决策提供参考。

开展农户调查。农户是农技协发展最为庞大的支持者，因此在农技协的发展中应注重对农户的调查，了解农户的需求，以便农技协提供准确的技术和服务。此外，还应构建农技协可视化信息平台。对于每年获取的资料，应建立河南省农技协专门网站，对农技协相关技术服务和成果进行专题报道，并发行年报汇总，不仅能够供各界人士参考，还能作为宣传材料下发。同时，对于取得的典型调研数据，应构建数据库专栏，为更多有关河南农技协发展的定量研究提供参考，从而得出更多有利于河南农技协发展的反馈和建议。

6. 拓宽新渠道，搭建科技志愿服务平台

建设覆盖城乡、普惠共享的科普信息化传播体系，提升科普工作质量和

效益。加强科普信息化工程运行管理，坚持“试点先行、资源共享、注重实效”的指导思想，继续深化河南省科普信息化示范县工作，做好河南省全媒体科普传播中心创作基地建设工作，升级完善播控中心，推进分级播控、第三方运营，有效提高科普大屏开机率、使用率。加强新媒体科学传播，邀请抖音、快手主播等参与科普宣传，扶持一批优秀网络新媒体。推动科普中国落地应用，壮大科普中国信息员队伍，促进“科普文化进万家”，开发地方特色科普资源，加强“科普 e 站”建设。

以科普信息化为统领，开展科普惠农服务站、农村科普信息化建设，积极推进协会网站、微信等工作平台建设。积极参加全国科普日、科技活动周、科技“三下乡”等主题科普活动，编印一批高质量的科普挂图、科普展板、科普图书等资料，以形式多样的科技服务活动，进一步提高农技协组织形象。继续组织参加全国农民网络科学素质竞赛。组织省农技协及各基层农技协积极参加各级业务培训，努力提升自身素质。以党的群众路线教育实践活动为依托，加强学习，结合河南省农业发展特色，强化农业新技术推广，稳步推进农村专业技术人才培训工作，不断提升农技协的综合素质和服务能力。

第十四章　陕西省农村专业技术协会调研报告*

课题组在陕西省农村专业技术协会（以下简称“陕西农技协”）负责人的积极协助下，对陕西农技协的发展及科技志愿服务情况进行了深入调查。借助学生假期返乡的机会开展线下调研，共获取问卷 584 份；通过农技协内部组织系统开展线上调研，共获取问卷 338 份，其中农技协带头人问卷 148 份，农技协社员农户问卷 190 份；通过科技小院组织系统开展线上调研，共获取问卷 246 份。通过线上线下广泛深入的调研，全面分析了陕西农技协组织发展及科技志愿服务的基本现状，以便更好地发挥农技协在普及农业科技、提高农民科学素质、助力农业农村经济发展中的重要作用。

第一节　陕西农技协组织制度建设

一、陕西农技协发展演变

近年来，陕西农技协紧紧围绕全省农村工作大局，充分发挥自身优势，重视普及科学知识，深入开展农技推广服务，加快运用现代科技助推农业产业发展，提高农民科学素质、促进农民增收致富、助推社会主义新农村建设。据统计，陕西省现有农技协组织 2 473 家，实现县级 100%全覆盖，形成了一个科技特色鲜明，立体多元、多层次的农业科技社会化服务体系。各级农技协紧密联系团结科技工作者、农技协工作者和广大农民，深入开展精准科技推广和科普服务，积极推动农民科学素质的整体提升，引领农业产业发展，为服务乡村振兴和脱贫攻坚贡献了力量。

与此同时，陕西省注重农技协和农业专家服务站建设与科普等工作融合

---

* 本章作者为王晓利（陕西省农技协）、华静（宁夏大学）、王凯文（中国农业大学）、鹿傲飞（中国农业大学）、李阳阳（中国农业大学）。

发展，动员广大农技协和服务站科技工作者投身志愿服务行列。近 5 年，全省组织科技志愿服务活动 2 158 场次，居全国第 3 位；在全国率先创建 7 个“陕西省新时代文明实践科学普及（科学传播）与创新发展试验区”，先行先试的做法受到中国科协和省文明办的肯定。

为持续有效开展农技培训推广，陕西省支持各级农技协建立各种形式的培训推广实体，如省农技协的绿野乡学院、千阳县的海升现代农业园区苹果田间大学、蓝田县的绿之圣社区科普大学等。不同形式的培训推广实体，为农技协开展培训推广发挥了作用。

在建设培训推广实体的同时，陕西省着力实施科技助力精准扶贫工程“百千万行动”，按照“覆盖全省 100 个县区、支持建设 1 000 个农技协（联合会），专家服务数量 4 000 人，针对贫困人口开展 1 000 场培训推广，带动脱贫人数 20 000 人”的总要求，有针对性地将资金和政策向贫困地区倾斜，提升贫困县区科技软实力和科普基础设施硬实力。

为使农技培训推广内容更加贴合群众需要，陕西省还积极推广“点菜式”“订单式”科技服务，协调科技工作者“上山下乡”，为基层农技协、合作社工作人员、涉农电商从业人员、贫困户等提供培训推广 7 910 场次，协调近千名科技专家与基层农技协结对帮扶，帮助完善“一镇一业”“一村一品”的产业发展格局。

二、陕西农技协组织体系

陕西省有关部门近日发布的信息显示，到目前为止，该省已有农技协 2 743 个（表 14-1），其中贫困县 1 432 个，农技协组织和服务实现全省全覆盖。此外，陕西省还建立了 203 个农业专家服务站及科技小院。

表 14-1　陕西农技协组织体系构成

类别	数量/个	占比/%
县级联合体	18	0.66
产业联合体	334	12.17
基层农技协	2 354	85.82
其他	37	1.35
合计	2 743	100.00

资料来源：陕西省农技协 2021 年工作报告。

近 5 年来，陕西省争取中央财政投入 1.08 亿元、省级财政投入 3 640 万元，实施基层科普行动、科普惠农富民计划 863 项，发展优秀农技协 350 个、农村科普示范基地 143 个、农村科普带头人 134 名。

依据对陕西农技协带头人的调查问卷可以看出，个人会员人数 100 人以下的农技协组织占 72.3%，100～500 人占 23.6%，500 人以上占 4.1%。团体会员人数在 50 人以下占 91.9%，50～100 人占 5.4%，100 人以上占 2.7%。

陕西农技协组织并非为单一的组织形式，主要分为三种：技术交流型、经济技术服务型和经济技术实体型，分别占 29%、43.2%、27%，其他可忽略不计（图 14-1）。

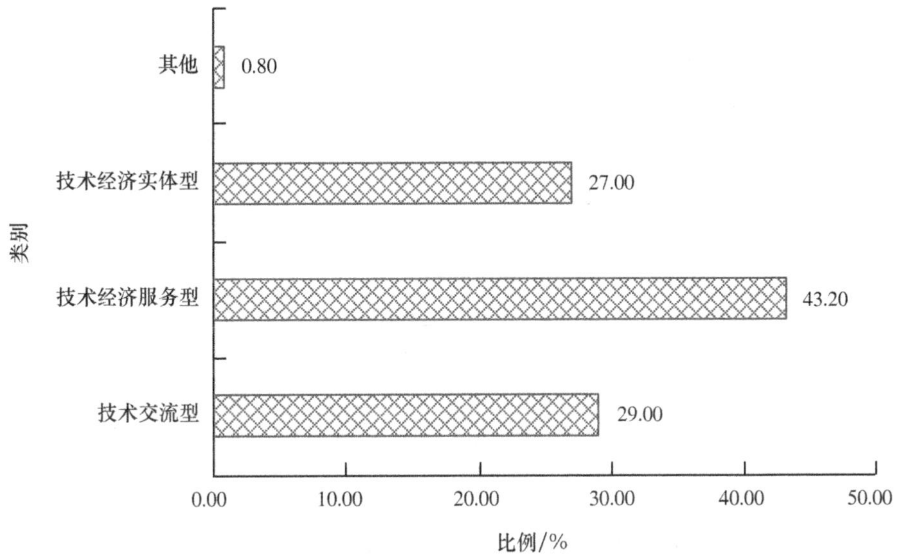

图 14-1　陕西农技协组织形式

资料来源：课题组调研数据

为更好地提高农技协组织发展活力和服务效能，提升农民科学素质，促进农业产业发展，服务乡村振兴，2021 年 5 月，陕西农技协组织召开了第三届理事会第三次会议，省科协党组副书记丁德科，省科协原巡视员、省农技协理事长王前进，西安市科协原巡视员、省农技协监事会监事长李义祥等出席会议，会议审议通过了第三届理事会财务审计报告，选举王甲任常务副秘书长，刘佳勇为副秘书长，精心部署陕西省农技协 2021 年工作。

三、陕西农技协运行机制

据统计，陕西农技协中基层政府牵头创办的占 6%；科协农委等县级政府部门牵头创办的占 47.2%；龙头企业或公司牵头创办的占 10.8%；合作社、协会等民间经济或社会组织牵头创办的占 36%（图 14-2）。各类主体积极牵头成立农技协组织，推动了农业产业化发展。

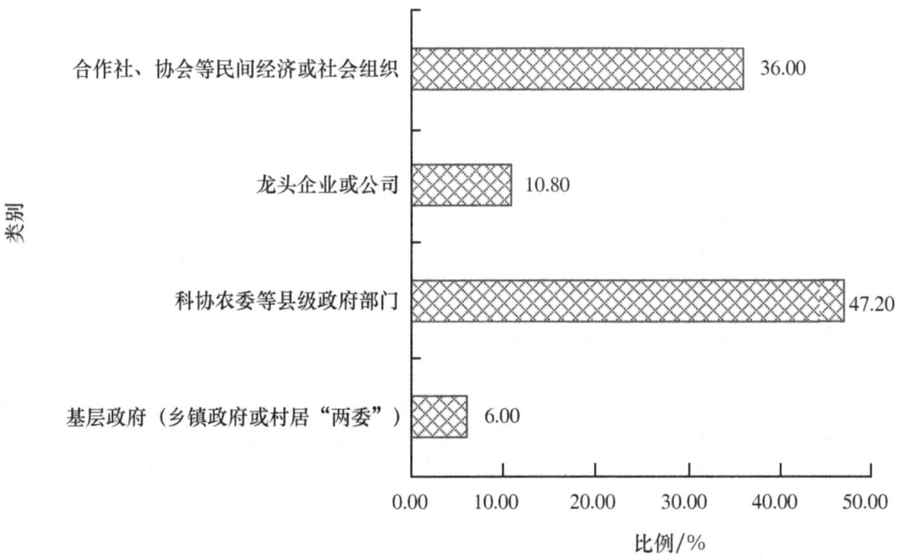

图 14-2 陕西农技协创立模式

资料来源：课题组调研数据

陕西农技协组织所涉及的产业类型各不相同，其中主要分为 5 大类型，占比最高的为果蔬种植类，占 44.5%；其次是畜禽养殖类，占 17.5%；其余分别是粮食种植、生产加工以及除上述各类型以外的新型服务类型，分别占 14.9%、14.9%、8.2%（图 14-3）。可以看出新兴产业的兴起与农技协的多元化发展密不可分。

从图 14-4 可以看出，陕西农技协的主要资金来源是以自创营收为主，占 56.9%，其次是政府资助、会费、捐赠等其他方式，分别占 21.8%、14.2%、5.6%。可以看出陕西农技协的发展不仅要依靠自身“造血功能”的发挥，还需要政府以及社会各界的鼎力支持。

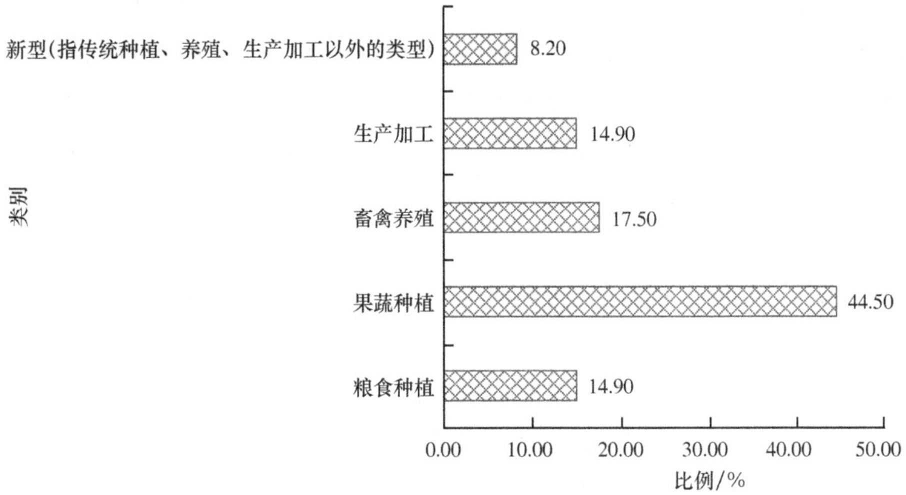

图 14-3　陕西农技协产业类型

资料来源：课题组调研数据

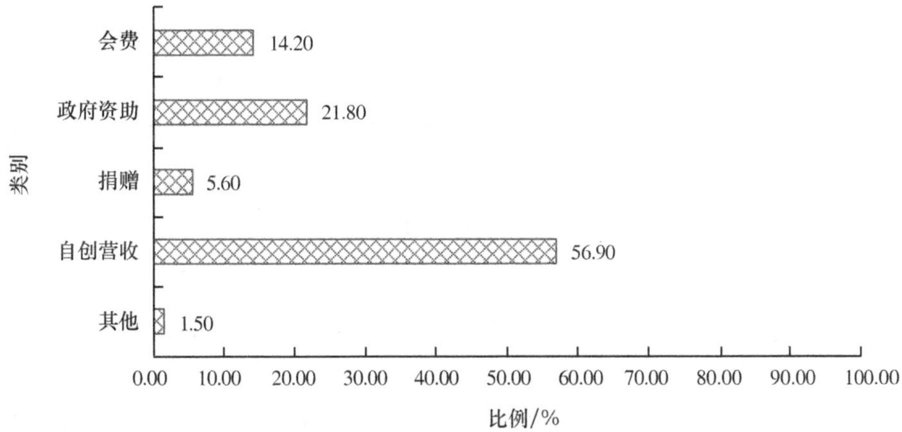

图 14-4　陕西农技协主要经费来源

资料来源：课题组调研数据

四、陕西农技协助力乡村振兴战略实施

2021 年 5 月，陕西农技协召开农技合作培训会，会上省科协党组副书记丁德科做了题为“照金精神”的党史学习教育专题辅导报告，会议还邀请了西北农林科技大学教授牛荣、李录堂，主要围绕“农村金融服务及农业项目

申报注意事项”“智慧农业发展现状及展望”等内容进行专题培训。会议期间，组织与会人员参观杨凌冬枣产业示范园、杨凌青皮她园火龙果种植基地，考察学习智慧农业和乡村振兴建设经验。

在农村实用技术培训活动方面，各地主要针对小农户及贫困户进行各类种养殖培训，积极开拓培训领域，获得了政府部门和学员的一致认可。

在促进农业农村发展方面，农技协做出巨大贡献，依据对主体农户的问卷调查显示，农技协发挥了重大的作用，有69.5%的农户认为农技协的设立与运作提高了当地农户的科学文化素质；70.9%的农户认为农技协为当地培育了一批乡土技术人才；76.3%的农户表示通过“土专家”、科技示范户等人的示范作用，把科技知识直接迅速、有效地传播到农民中去；50%的相关人员表示农技协组织帮助连接农业科学院所、大专院校、推广机构和学会组织等，引进现代农业先进实用技术。

第二节　陕西农技协科技小院创建

结合陕西省实际，建设陕西农技协科技小院。截至目前，陕西省已命名陕西农技协科技小院（省农业专家服务站）199家。建设陕西农技协科技小院，较好地发挥了陕西省以西北农林科技大学为首的涉农高校、农业科研院所、农技协、农村科普示范基地等优质科技资源在农业生产中的科技引领作用，在生产一线建立了集农业科技创新、示范推广和人才培养于一体的科技科普服务平台，零距离、零门槛、零时差、零费用服务农户及生产组织，较好地推广了高产高质高效新品种、新技术，能及时研究解决生产疑难问题。

陕西科技小院的创立，及时地解决了农业生产中的疑难问题，同时为农户带来更多实用的知识和技术培训，加强了相关农业知识的科普，提高了农户的整体素质。主要内容有：宣传和讲解种养殖、经营管理新技术等科普知识，指导种养殖过程中如何进行病虫害防治，指导选购具有优良品质的农产品品种，提供农产品价格及农资价格等信息，科普讲解农业保险相关知识，讲解金融贷款知识，提供机械水利服务等（图14-5）。其中最主要的服务内容是宣传和讲解种养殖、经营管理新技术等科普知识，指导种养殖过程中如何进行病虫害防治，指导选购具有优良品质的农产品品种，这些培训与农户的生产生活息息相关，切实地解决了最为重要的生产问题。

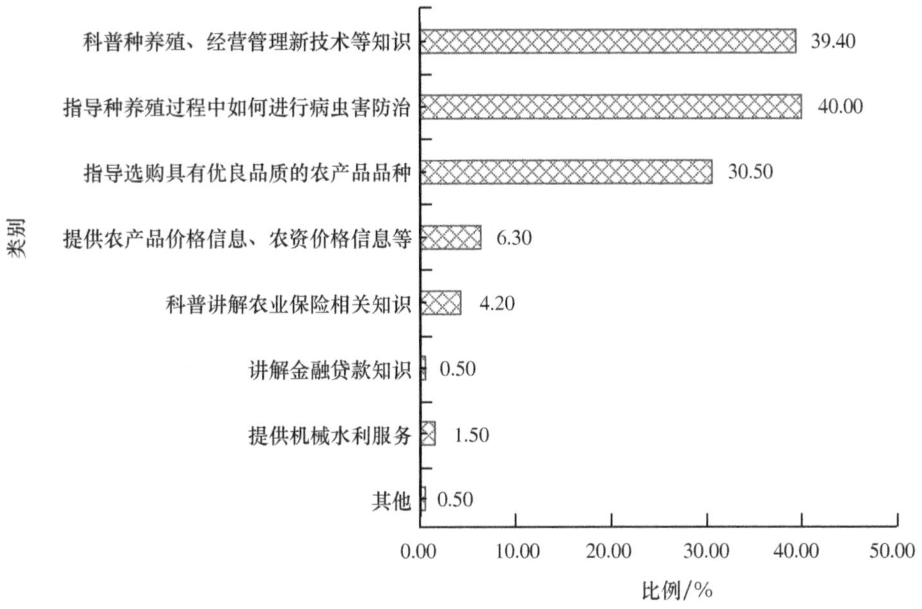

图 14-5 陕西科技小院提供的科技志愿服务情况

资料来源：课题组调研数据

依据对陕西农技协负责人的问卷调查显示，陕西农技协对农民进行的培训活动次数主要在 50 次以下，且存在一次网上培训。在新冠疫情等重大突发情况下，还应合理采用网络培训方式，线上线下有效结合。

第三节 陕西农技协开展的科技志愿服务

为切实了解陕西省科技志愿服务发展状况，课题组以问卷星、返乡调研等方式对陕西省科技服务人员进行调研。调研数据表明，目前科技服务人员主要从事的工作为宣传和讲解种养殖、经营管理新技术等科普知识，所占比例为 47.97%，指导种养殖过程中如何进行病虫害防治与指导选购具有优良品质的农产品品种分别占 18.7%与 16.26%（图 14-6）。

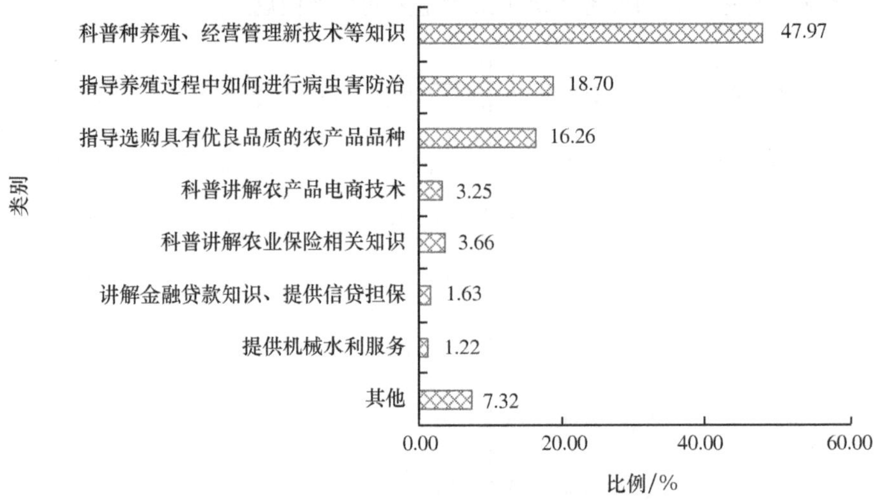

图 14-6　陕西科技服务人员主要从事的科技服务环节

资料来源：课题组调研数据

第四节　陕西农技协发展中面临的现实困境

一、基层农技推广方式单一

根据调研情况来看，农户获取农技的途径主要是政府推广和亲戚朋友交流。因此，传统的农技推广方式是以行政为主导，所有有关农业科技的政策方针都是自上而下，层层下达，除政府推广外，陕西农技传播的主要方式是农民之间依靠亲戚朋友交流即农村内部口耳相传，而大学、研究机构或企业向村民传播的农业技术较少，当地也没有科技示范户，尤其是农民农技培训的比例非常低。这说明以政府单方面的被动式推广模式，机制不灵活、职能不清晰等问题已经严重制约农业科技的推广。

二、基层农技推广方法落后

陕西农技推广仍沿用传统方法，习惯于单项农业新品种和新技术的推广，有关农产品网上销售、农民在线培训等农村电商培训服务较少，特别是应对重大自然灾害的救灾复产技术力量不足，加之推广部门不关注技术的实用性和适应性，农户难以理解新技术，导致新技术的供需脱节，大大减弱农技推广的效率和效果。

三、基层农技推广人员缺乏

由于受待遇、薪酬或地域等因素的影响，基层农技推广人员的招聘很难，农业院校的毕业生很少愿意进农村，因而新老更替、留住优秀人才的可能性更是难上加难。由此导致基层农技推广人员不仅数量少，而且老龄化严重、技术职称较低和技术人员缺乏。

第五节　促进陕西农技协发展的对策建议

陕西农技协工作虽然取得了一些成绩，但仍然存在不足，主要表现在：农技协组织体系不够完善，各地发展情况不平衡；与涉农科技工作者的联系不够紧密；自我发展和服务能力较弱，手段较为单一；全省各级农技协组织还未形成整体合力，整体优势发挥不充分等。为进一步做好农技协转型升级和能力提升工作，未来陕西农技协发展应在以下 5 个方面进一步强化。

一、加强农技协组织、能力建设

以农技服务为基础，向全产业服务延伸；依托陕西科技报，提升秘书处服务管理能力。强化农技协规范化运作和内部管理工作的指导，积极开展基层农技协能力提升建设活动，为做好农技协工作奠定基础。

二、开展特色农业科技服务活动

针对基层农村科技需求，开展针对性强、实用性高的农业科普培训活动。通过农技培训、现场指导、展览展示、特优农产品展销、网络直播等多种活动方式，广泛开展科普宣传，结合科技热点问题，组织专家进行通俗化讲解，促进农民理解科学、支持创新、参与创业。

三、加强农技协组织宣传

充分利用好省农技协微信公众号、陕西科技报、陕西科技传媒网、陕西科技融媒体联盟等平台，加强对外宣传，提升信息化、平台化服务水平，推广农技协先进典型经验。

四、加强农技协对外合作及平台建设

以基层农技协需求为导向，充分利用“科普中国”“科创中国”“智慧中国”资源，对接服务“三农”的社会资源，加强陕西农技协的对外合作及平台建设，与省内优秀农业企业建立联系，充分发挥陕西农技协的职能，加强网上资源建设，增强有效供给。

五、加强对外交流合作

加强对外交流，融合、融创各类资源，到其他省份的农技协或省内其他协会、学会、研究会，进行学习交流，学习先进的经验，选择省内部分地市科协及区县农技协会员合作社进行调研，了解陕西农技协组织及需求，统筹谋划、推进陕西农技协组织建设。提高各级党政机关对发展农技协重要性、必要性及现实性的认识，为陕西农技协发展创造良好的条件和环境。

第十五章 云南省农村专业技术协会调研报告*

课题组在云南省农村专业技术协会（以下简称“云南农技协”）负责人的积极协助下，对云南农技协的发展及科技志愿服务情况进行了深入调查。借助学生假期返乡的机会开展线下调研，共获取问卷 484 份；通过农技协内部组织系统开展线上调研，共获取问卷 208 份，其中农技协带头人问卷 98 份，农技协社员农户问卷 110 份；通过科技小院组织系统开展线上调研，共获取问卷 276 份，其中科技小院入住学生问卷 18 份，科技志愿服务者问卷 258 份。通过线上线下广泛深入的调研，全面分析了云南农技协组织发展及科技志愿服务的基本现状，以便更好地发挥农技协在普及农业科技、提高农民科学素质、助力农业农村经济发展中的重要作用。

第一节 云南农技协组织制度建设

一、云南农技协发展演变

1982 年，云南省诞生了第一个农民研究会——蒙自县（现蒙自市）余家寨水稻研究会，至 1985 年底，初级形态的各类农研会在全省发展到 400 个左右。在 1994 年云南省第八次农村科普工作会议上，成立了由 133 个团体会员组成的“云南省农民专业技术协会”，玉溪、红河、大理也相继成立了农技协联合会。2001 年以后，云南农技协又出现了新的发展势头，特别是一些新成立的农技协围绕农村产业结构调整和农业产业化发展，以“协会＋公司＋基地＋农户”“协会＋公司＋农户”“协会＋经纪人＋农户”等组织形式运作，

* 本章作者为屈钊（云南省农技协）、李乾（北京工商大学）、樊玉香（中国农业大学）、鹿傲飞（中国农业大学）、李阳阳（中国农业大学）。

取得了良好成效。截至 2003 年 10 月，全省统计在册的农技协总共有 5 908 个，会员总数 143 155 人。其中，发展到高级形态即技术经济实体型的有 202 个，占 3.5%，这部分农技协通过办实体、办企业、办公司，为会员和广大农民提供产前、产中、产后全程服务，在推动产业发展、促进农业社会化服务中具有一定的实力和市场竞争力。

但由于近年来市场竞争加剧，农技协自我淘汰，同时为确保农技协建设高质量发展，各地采取措施清除了“僵尸”“空壳”农技协，云南农技协在数量上有所萎缩，截至 2021 年，全省共有 4 700 多家基层农技协。

二、云南农技协经费来源

云南农技协经费来源主要是在民政部门核准的业务范围内开展活动和服务的自创营收，其他部分来源是政府资助、会费与社会各界捐助等。其中，选择自创营收的农技协占比高达 72.64%，而政府资助与会费收入也在云南农技协建设过程中发挥了重要作用，选择这两项的农技协分别占农技协总数的 33.02%与 26.42%（图 15-1）。

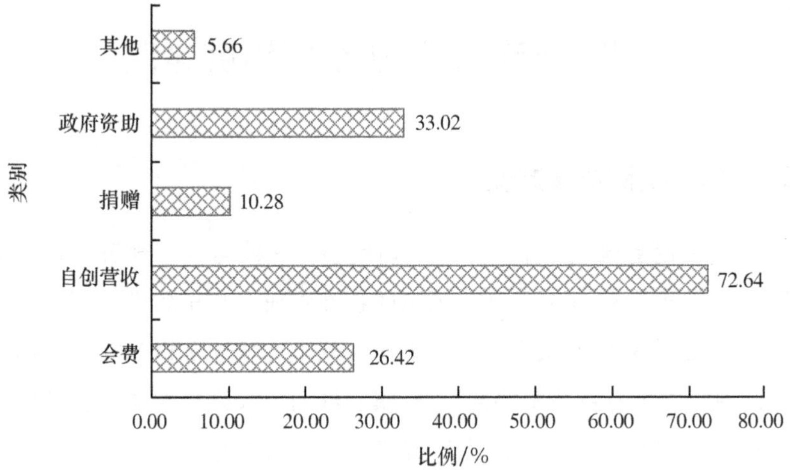

图 15-1　云南农技协经费来源

资料来源：课题组调研数据

第二节　云南农技协科技小院创建

一、云南科技小院提供的科技志愿服务

云南科技小院提供的科技志愿服务如图 15-2 所示，主要包括接受农民日常生产问题咨询，田间试验，帮助农民选择或选购农资，帮助农民拓宽产品销售渠道、销售产品，日常生产巡查，为农户提供技术培训、专家田间指导、示范带动（如高产示范）、科技长廊展览等服务。其中，72.22％的科技小院接受农民日常生产问题咨询、帮助进行田间试验，61.11％的科技小院进行日常生产巡查，50％的科技小院为农户提供技术培训、科技长廊展览，44.44％的科技小院进行田间指导，38.89％的科技小院帮助农民选择或选购农资，27.78％的科技小院发挥示范带动作用，22.22％的科技小院帮助农民拓宽农产品销售渠道、销售农产品。

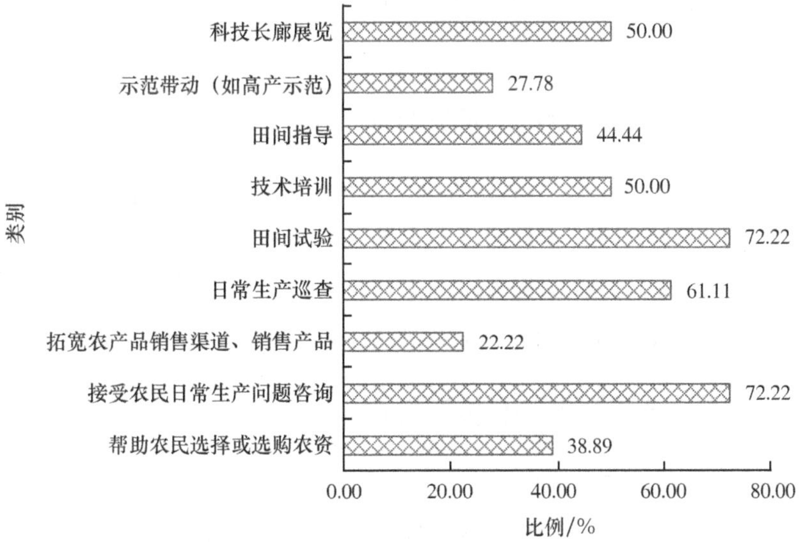

图 15-2　云南农技协科技小院提供的科技志愿服务内容

资料来源：课题组调研数据

二、云南科技小院建设典型模式

云南科技小院将科学研究与示范推广相结合，推动科技成果转化。科技小院依托单位均为当地特色农业优势企业，技术发展较为成熟，具备行业领先地位，同时凭借着集农业创新、农业科技服务、农村科学普及、人才培养培训“四位一体”的新模式，对高原特色现代农业发展具有很强的辐射带动作用和良好的示范引领作用。

三、云南科技小院建设典型做法

为提升基层农民的科学素质和运用实用农业技术的能力，云南科技小院围绕生物多样性保护、绿色种植管理、高原特色产业发展、栽培示范推广等，多渠道、多形式举办科普宣传活动 60 余次，开展线上、线下实用技术培训 240 余次，直接受益农民达 1 万余人。

第三节　云南农技协开展的科技志愿服务

一、云南农技协科技服务情况分析

云南农技协依托全省 4 700 多家基层农技协组建科技志愿服务队伍，大力开展科技志愿服务工作，不断加强对基层农技协组织中科技志愿者的培养。据统计，截至目前，云南省共有注册志愿者 54 603 人，注册组织数 831 个，开展活动 1 061 次，实施科技志愿服务项目 20 个。

二、云南农技协提供的科技服务内容

云南农技协科技服务的内容主要包括讲解种养殖和经营管理等知识；科普讲解农产品电商技术，普及直播带货、网络销售等知识；科普讲解农业保险相关知识；和大型企业共同构建销售渠道；讲解金融贷款知识、提供机械水利服务等（图 15-3）。

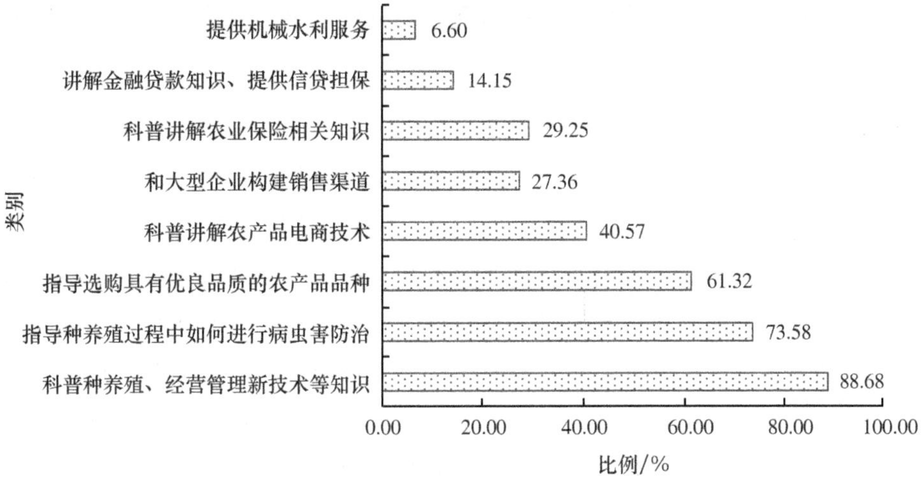

图 15-3　云南科技小院提供的科技志愿服务内容

资料来源：课题组调研数据

三、云南农技协组织典型做法

云南农技协应积极围绕基层农技协的产品营销展示、技术和市场开拓等做好服务工作。组织基层农技协参加农业博览会，向市场推介云南省有实力、有产品的优秀基层农技协单位。组织基层相关农技协工作人员、会长、带头人等赴省外农技协转型工作做得较好的省市学习，做好农技协转型升级工作。

四、云南农技协助力乡村振兴

经调查，83.96%的受访人员表示云南农技协提高了当地农户的科学文化素质，72.64%的受访人员表示通过“土专家”、科技示范户等人的示范作用，把科技知识直接迅速、有效地传播到农民中去，68.87%的受访人员表示云南农技协组织帮助培养了一批乡土技术人才。

结合调研数据整理总结，并结合大量案例资料总结得出云南农技协助力乡村振兴的作用。

1. 开展科技志愿服务助力乡村振兴

经过几十年的发展，云南农技协的服务能力不断提升，组织网络不断健全，已形成遍布全州的多元化、多层次的科技推广服务组织体系，已成为农村科普工作的重要力量，成为巩固拓展脱贫攻坚成果，实施乡村振兴战略的又一支不可忽视的重要力量。

2. 推动农业先进技术推广普及

根据中国科协的要求，云南农技协依托基层农技协组织，结合基层群众需求，组织农技专家和科技人员下沉兰坪、广南、屏边、会泽、澜沧、宁蒗、镇雄、泸水、福贡9个国家级贫困县农村生产一线，开展科技指导、科技培训、现场示范和信息服务等活动，通过深入浅出的现场观摩指导课，提升农户的农技水平。如：澜沧马铃薯科技小院在朱有勇院士的指导下，依据当地实际，开展新品种引进及选育工作，进行马铃薯病虫害研究，指导澜沧县冬季马铃薯区域布局；勐海水稻科技小院瞄准当地水稻种植技术落后、农业产业发展等瓶颈问题，开展科技攻关与推广，解决了当地水稻产业技术难点。

3. 推动农民科学素质明显提升

政府积极引导农民建立农技协，通过农技协进行科技扶贫，有组织地开展各类科技培训，推广和普及农村实用技术，合理开发和利用当地优势资源。组织动员云南农技协积极开展“三下乡”“科技活动周”“全国科普日”等各类科普宣传活动，免费向群众发放协会编印的技术手册和资料，组织技术骨干接受群众现场咨询，到会员家中实地指导，帮助会员解决技术难题；面向广大群众开放科普示范基地，积极推广新技术、新品种；组织开展农函大、农村实用技术培训，提高会员科学种植养殖技术水平；利用云南农技协的科普阵地，如科普惠农服务站、科普中国乡村e站、科普宣传栏等开展科普宣传活动，提高会员科技意识和学习意识。这不仅有效地利用了扶贫资金，还有力地促进了当地劳动者素质的提高。

4. 健全完善乡村科普基础设施建设

实施全国科普惠农兴村项目，培育农村科普队伍，建立了科普中国乡村e站，充分利用科普画廊、科普宣传栏以及科普视频网等平台宣传农业科技、生态环保、安全健康、疫情防控等方面的科技知识，着力推动科普进农村、下基层。例如，2021年，昆明市实施基层科普行动计划省级科普示范农技协项目6个、科普示范基地项目5个、科普示范带头人项目4个，实施市级农技协资助项目16个，对19个新设农技协进行补助，资助金额达235.7万元。

5. 促进新农村建设和农民增收致富

云南农技协组织在发展现代农业、巩固脱贫攻坚成果、振兴乡村、建设社会主义新农村的进程中，发挥着不可替代的作用，是帮助农民依靠科技致富的载体，是科协在农村工作的重要依托力量。宣威市科协加强对以辣椒种植协会、花椒种植协会为典型代表的种植业协会的管理，2021 年辣椒和花椒种植面积发展到 1 万多亩，涉及农民 4 000 多户，带动 1.5 万贫困人口增收；云南农技协组织农业专家对麒麟区蓝莓种植农户进行技术指导，普及先进的生产实用技术，2021 年蓝莓产量 602 吨，产值4 396 万元，分别较 2020 年增 46％和 23.6％；陆良县大莫古手工刺绣协会召集村里 72 位农村妇女，以手工刺绣为主，根据产品订单做手工，主要销往台湾、昆明等地，年收入 40 余万元，带动了周边农户增加家庭收入。

第四节　云南农技协发展中面临的现实困境

经调查，目前 85.85％的云南农技协组织存在发展和运行资金短缺，自我供血能力不足的问题，55.66％的云南农技协组织表示缺乏政府部门资金、项目、税收等政策支持（表 15-1）。

表 15-1　云南农技协带头人认为协会存在的问题

存在问题	占比/％
定位不清晰，过度追求经济效益忽略技术服务，不清楚农技协与合作社的区别	20.75
发展和运行资金短缺，自我供血能力不足	85.85
无法与科研单位建立持续、长久的合作关系，缺乏专业技术人员	43.40
缺乏政府部门资金、项目、税收等政策支持	55.66
协会发展权责不明确	5.66
技术培训，农村科普活动等未形成常态化	41.51
难以满足家庭农场、专业大户等新型农业经营主体的技术需求	21.70
和其他农技协合作较少，独自发展难以抵御市场风险	30.19

资料来源：课题组调研数据。

结合调研数据整理总结，并查阅相关资料得出以下 5 点云南农技协发展乏力的原因及当前面临的困难和问题。

一、支持农技协发展政策力度不足

各级主管部门对云南农技协的指导不足，缺乏具体明确的帮扶政策和措施，农技协资金信贷难的问题没有得到根本改变。尤其是《农民专业合作社法》颁布之后，云南农技协在法律地位方面不如农民专业合作社，出现了自身定位模糊、发展方向不明朗的状况。基层农技协仅仅由各级科协给予相应的政策支持，没有形成各级部门齐抓共管的良好氛围，很多协会处于自生自灭的状态。

二、农技协组织管理体系不健全

一是整体上云南农技协组织化程度仍较差，抵御市场风险能力弱，能力提升等方面指导服务不到位，组织管理、业务指导有待进一步优化提高；二是云南农技协管理不规范，相当一部分农技协缺少统一的组织管理章程和制度，对外无法人地位，对内不能进行科学管理，致使协会管理不规范，与会员联系不紧密，协会负责人得不到有效监督，权利与义务界定不清，往往由此引发一些矛盾，甚至导致农技协解体。

三、基层农技协自我发展能力有待提升

一是由于非营利性功能，农技协对会员和农户的激励与约束不足，缺少将广大农户会员联结起来的利益纽带链条，难以通过自身积累做大做强，也限制了云南农技协的可持续发展；二是有实体依托、有较强的市场竞争力、外向型协会不多，目前农技协的技术和财务支持主要来源于政府，其他支持途径较为有限。

四、农技协发展尚未形成有效的利益联结机制

一是缺乏收入来源。农技协会员入会、退会自由，大部分不收会费，且农技协对会员和农户的技术服务基本免费，通过自身积累实现规模发展的能力不强，固定资产、流动资产规模较小。二是由于农民收入水平低，仅靠自身积累的资金发展远远不够。银行资金和社会资金流入农技协较少，严重制

约了农技协的发展，致使农技协规模化水平较低，农技协会员数不多，严重制约了农技协的发展，难以形成市场竞争力。

五、基层科协对基层农技协建设的指导服务有待加强

科协自身重视程度还不够，工作管理不到位。由于科协缺乏经费，加之人员较少，一定程度上对农技协工作存在重建轻管和科学管理不够问题，忽视对农技协的质量要求，对农技协的发展指导不力。同时近年来，基层对科协工作有所弱化，多数县区市没有乡镇级科协，有的镇级科协组织撤销或归并，专业人员负责指导农技协建设和管理的力度有所减弱。

第五节　促进云南农技协发展的对策建议

经调查发现，81.13%的农技协组织表示亟须得到政府、科协等部门的资金和项目支持；46.23%的农技协组织表示希望加强顶层设计，协调农技协之间的合作，整合资源共同发展；同时有43.4%的农技协组织表示希望得到高等院校及科研单位等持续长久的人才支持；还有31.13%的农技协组织需要金融贷款的支持；25.47%的农技协组织需要加强顶层设计，帮助农技协与合作社等新型经营主体融合发展；另外还有10.38%的农技协组织需要法律地位的保障。结合调研数据中云南农技协组织反映的需求以及希望获取的支持，提出以下4点有针对性的推动云南农技协高质量发展的对策建议。

一、做好顶层设计，营造良好政策环境

各级政府要争取出台进一步推进农技协发展的意见，在政策上帮助农技协解决会员培训、新技术推广、科技和市场信息平台搭建等方面所需的资金、人才等问题，从政策上扶持农技协的发展。各级民政部门要加强对农技协的管理和引导，在协会注册登记、年检等方面放宽条件，切切实实为协会松绑减负。各级科协要大力加强对农技协的联系和指导，整合各方资源，多方合力促进和推动农技协健康有序发展，找准工作定位，明确新时代农技协发展方向。

二、完善体系建设，增强自我发展能力

一是要着手建立党组织，发展一批党员技术骨干，进一步建立健全理事班子，明确职责，加强农技协的组织建设。二是积极探索新的发展模式和运行机制，立足市场需求，满足农民愿望，创新手段为农民提供服务。在当前，要加强对会员技术知识更新培训，组织会员学习市场经济、农业科技、现代管理、法律法规等知识，努力提高会员综合素质和技术技能，增强会员的民主意识、科技素质、法律意识，促进组织和会员依法按章办事。

三、强化科技赋能，拓展联合协作领域

进一步支持基层协会转型升级、深化改革，提升协会自身能力。发挥科协智力密集的资源优势，推动实施“互联网＋农技协”行动，帮助农技协对接相关大专院校、科研单位，指导农技协向集约化、规模化和产业化方向发展。采取灵活多样的引智方式，吸引有关高校、科研院所在农技协设立专家工作室，使协会真正成为教育、科研、推广、培训基地。

四、加强宣传交流，持续扩大社会影响

在全省农技协中，挑选有能力、有代表性、能够辐射带动地区发展的典型协会，以项目形式支持其做大做强，发挥领头作用，鼓励、引导和加强全省农技协之间的交流、协作与联合，提高农技协整体素质。建立完善信息服务体系，进一步引导基层农技协入驻中国农技协智慧农技协网络平台，通过科普网站、科普微信、报纸、电视等传媒，扩大农技协典型示范的宣传效果，提升农技协的社会影响力和凝聚力。

第十六章　宁夏回族自治区农村专业技术协会调研报告*

课题组在宁夏回族自治区农村专业技术协会（以下简称“宁夏农技协”）负责人积极协助下，对宁夏农技协的发展及科技志愿服务情况进行了深入调查。通过农技协内部组织系统开展线上调研，共获取问卷 120 份，其中农技协带头人问卷 26 份，农技协社员农户问卷 25 份，农技协科技服务志愿者问卷 69 份；通过科技小院组织系统开展线上调研，共获取问卷 3 份，均为科技小院入住学生问卷。通过线上线下广泛深入的调研，全面分析了宁夏农技协组织发展及科技志愿服务的基本现状，以便更好地发挥农技协在普及农业科技、提高农民科学素质、助力农业农村经济发展中的重要作用。

第一节　宁夏农技协组织制度建设

一、宁夏农技协发展演变

宁夏农技协是在党的十一届三中全会后出现的新生事物，随着家庭联产承包责任制在农村普遍实行和商品经济的发展，广大农民为解决生产资料购买、农副产品销售和生产中的技术难题，于 20 世纪 80 年代中期自发建立起来的服务体系和经济联合组织，对加快科学技术普及和科技成果转化、提高农民科学文化素质、推动农业产业化进程和促进农村两个文明建设等做出了极大贡献。进入 20 世纪 90 年代，随着市场经济的发展变化和农村产业结构的不断调整，宁夏农技协也由小到大，由少到多，不断发展壮大。2001 年

---

* 本章作者为耿旭云（宁夏回族自治区农技协）、华静（宁夏大学）、郭晓宇（中国农业大学）、鹿傲飞（中国农业大学）、李阳阳（中国农业大学）。

9月28日，宁夏农技协由宁夏民政厅批准成立，成为宁夏服务“三农”发展，助力实现全面小康，开展科技推广和科普服务的重要社会组织，是新型农业社会化服务体系和现代农业科技推广体系的重要社会力量。

2006年起，中国科协、财政部联合实施“科普惠农兴村计划”，截至2015年底，共投入14.112亿元，表彰奖补7 056个农技协，极大地促进了全国农技协的组织建设和发展。

为提升农业科技推广质量和水平，宁夏决定以“功能完善、机制灵活、运转协调、农民满意”为原则，全面启动实施总投资2.5亿元的基层农业技术推广服务体系改革。“十一五”期间，宁夏有25个农技协、18个农村科普示范基地被中国科协、财政部授予“全国科普惠农兴村先进单位”，13名农村科普带头人被评为“全国科普惠农兴村先进个人”，奖励资金达925万元；2010年宁夏科协会同宁夏农牧厅、宁夏民政厅等部门对宁夏101个全区示范性农技协进行了全面的实地考察、评估，并对获得全区示范性农村专业经济协会进行了表彰奖励，一次性奖励资金总额达203万元，对宁夏农技协的快速健康发展起到了积极促进作用。从2011年宁夏科协的调查统计数据来看，宁夏共有各类农技协组织497个，会员13万多人，其中市级农技协21个，县级农技协158个，乡级农技协220个，村级农技协98个，成为发展农村经济的重要力量。

在取得成绩的同时，一些制约宁夏农技协发展的困难和问题没有得到完全解决，如发展不平衡、依赖性较强、缺乏重视和支持等，特别是《农民专业合作社法》颁布以来，农民专业合作社逐渐成为关注焦点和工作重心，各项扶持政策不断向其倾斜，农技协组织呈现出弱化的趋势。宁夏农技协的数目和会员数有所减少，截至2021年12月底，全区共有县级及以下农技协191个，会员人数22 712人。

二、宁夏农技协组织体系

宁夏农技协是由宁夏各级农技协联合会、基层农技协、农村专业合作组织及全区从事农业研究、科学普及、农技推广的科技工作者、科技致富带头人自愿组成，依法登记成立的非营利性科普社团。

宁夏农技协目前共有会员单位476个，2017年8月28日召开的宁夏农技协第四次会员代表大会，选举产生了第四届理事会，第四届理事会共有理事69人，包括理事长1人、副理事长10人、常务理事31人。

截至2021年12月底，宁夏全区共有县级及以下农技协191个，其中县级联合体7个、产业联合体10个、基层农技协（单独产业）173个（表16-1）；加入科技志愿服务组织399个；会员人数22 712人，其中加入科技志愿服务队伍1 521人。

表16-1　宁夏县级以下农技协组织体系构成

类别	数量/个	占比/%
县级联合体	7	3.66
产业联合体	10	5.24
基层农技协（单独产业）	173	90.58
其他	1	0.52
合计	191	100.00

资料来源：课题组调研数据。

三、宁夏农技协内部组织建设

宁夏农技协积极推动协会党建工作，以党建促工作，围绕宁夏农技协转型升级，进一步夯实农技协组织体系建设，同时通过积极推树典型方式增强宁夏农技协组织的吸引力。2020年，青铜峡市广武林果产业协会被中国农技协评选为“十佳党建强会农技协”、宁夏农技协副理事长蒋儒龄被评为“十佳最美乡土科技人才”；2021年，石嘴山市大武口区瑞宝工艺葫芦科技协会会长陶瑞珍获得中国农技协“最美科技工作者”荣誉称号，推动了宁夏农技协组织体系建设，为服务乡村振兴提供了组织保障。

四、宁夏农技协运行机制

截至2021年，在全区现有的农技协中，县级科协牵头创办50个，占26.7%；农民牵头创办53个，占28.3%；龙头企业牵头创办23个，占12.3%；合作社牵头创办42个，占22.5%；家庭农场牵头创办3个，占1.6%；其他涉农部门创办16个，占8.6%（图16-1）。各级农技协成为带动农村新型经营主体和小农户发展现代农业的推动力量。

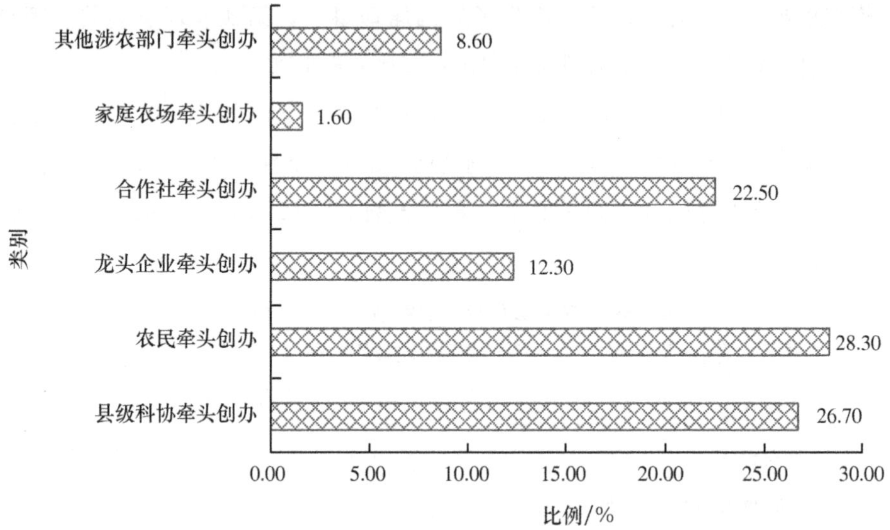

图 16-1　宁夏农技协创办模式结构对比

资料来源：课题组调研数据

宁夏农技协在产业上以种植类、养殖类为主的有 178 个，占 94.2%，其中，以种植类为主的农技协占多数，共 114 个，占 60.3%；养殖类 45 个，占 23.8%；种养结合类 19 个，占 10.1%。信息服务类的有 11 个，占 5.8%（图 16-2）。

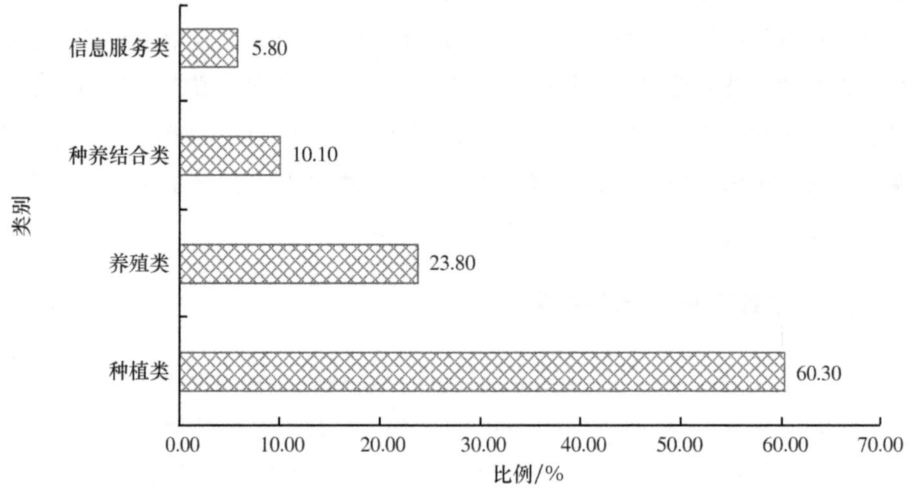

图 16-2　宁夏农技协产业结构对比情况

资料来源：课题组调研数据

宁夏现有农技协中，实行理论授课＋现场教学的农技协 243 个（有重叠交叉），占 66.4％，田间地头现场指导培训的有 82 个，占 22.4％；农户需求、专家上门、菜单式培训的有 41 个，占 11.2％（图 16-3）。目前，成立专家服务站的有 67 个（通过技术研发、品种引进、人才培养和产业规划，加快促进新型经营主体生产、科研和产业化体系建设）。各农技协加强与高校及农业科研单位的合作，利用科技进步成果，加快新品种、新技术、新工艺、新产品的研发推广应用。

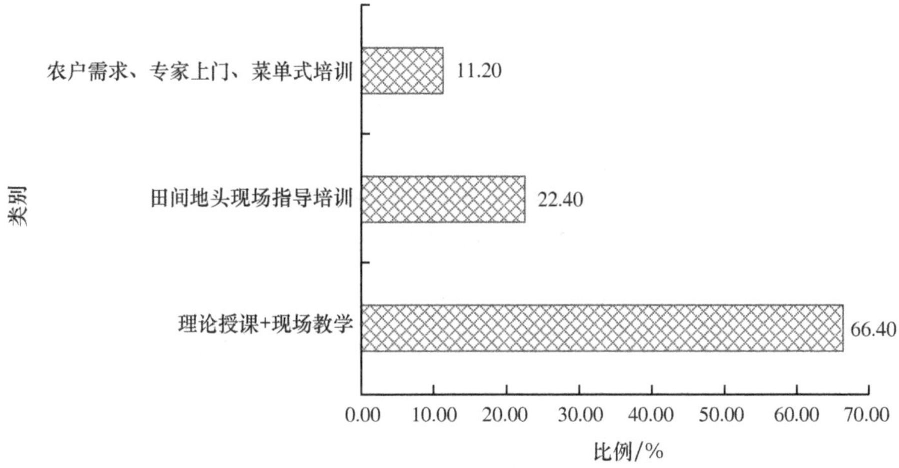

图 16-3 宁夏农技协服务方式结构对比

资料来源：课题组调研数据

五、宁夏农技协经费来源

经过调研发现，宁夏农技协经费来源有 61.5％来自自创营收，23.1％来自政府资助，而会费、捐赠及其他方式占比较低（图 16-4）。

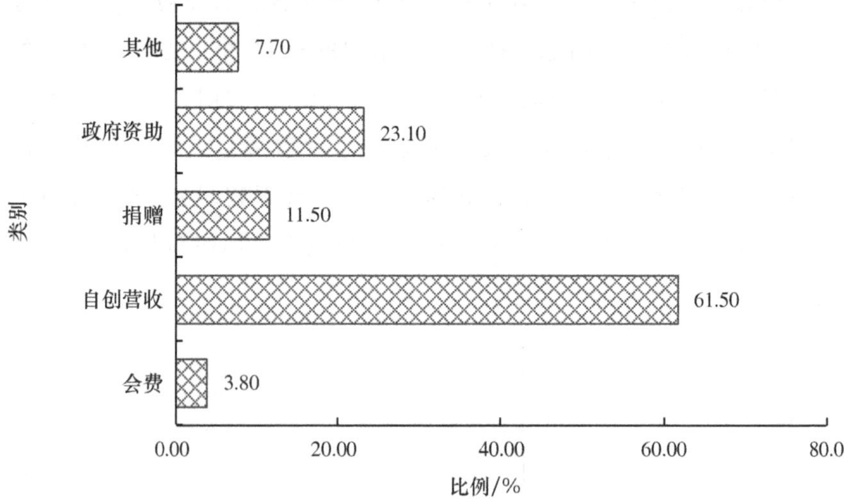

图 16-4　宁夏农技协经费来源

资料来源：课题组调研数据

第二节　宁夏农技协科技小院创建

一、宁夏科技小院建设方向

宁夏在 2020 年建设 1 家科技小院的情况下，2021 年先后成立 3 家科技小院，科技小院建设紧紧围绕宁夏“九大产业”，助力产业高质量发展，通过产业高质量发展服务自治区党委政府提出的“四大提升行动”中的百万移民致富提升行动和城乡居民收入提升行动，打造高质量的科技小院。

二、宁夏科技小院建设典型做法

在科技小院建设工作中，在建设初期对具有科研实力的涉农企业和基层农技协进行调研，详细了解他们在科学生产、提质增效、节约成本方面的科研需求，能否提供入驻研究的基本生活条件，对研究成果的推广应用和带动当地群众致富方面的作用发挥等进行了全面了解，为下一步科技小院建设打好基础。

宁夏科技小院以“科协领导、高校实施、老师指导、学生常驻、各方支持”为工作机制。2020年初，宁夏农技协与宁夏大学农学院联系对接，积极促进涉农企业和基层农技协与宁夏大学农学院的科研合作，宁夏大学农学院通过向有科研实力的涉农企业和基层农技协推荐研究生指导老师及专业硕士的方式积极支持宁夏农技协科技小院建设工作，聚焦自治区党委和政府确定重点发展的“九大产业”中的枸杞、滩羊和肉牛产业发力，下一步将在葡萄酒、奶产业和绿色食品上找准结合点，持续助力“九大产业”发展。

第三节　宁夏农技协开展的科技志愿服务

一、宁夏农技协科技服务情况分析

宁夏农技协加入科技志愿服务队伍个数399个，会员人数22 712人，其中加入科技志愿服务队伍1 521人，占会员总人数的比例为6.7%。组织新技术培训、观摩64 548人次，组织田间指导20 750人次。

二、宁夏农技协提供的科技服务内容

宁夏农技协科技服务的内容主要包括宣传和讲解种养殖、经营管理新技术等科普知识；指导种养殖过程中如何进行病虫害防治；指导选购具有优良品质的农产品品种；科普讲解农产品电商技术，普及直播带货、网络销售等知识；科普讲解农业保险相关知识；讲解金融贷款知识等。其中最主要的服务内容是宣传和讲解科普知识、指导选购优良品种（图16-5）。

三、宁夏农技协组织典型做法

宁夏积极与福建、江苏农技协联系，结合福建、江苏院士专家宁夏行活动，帮助宁夏农技协解决在科学生产方面存在的突出问题。2021年，在江苏院士专家宁夏行活动中，开展宁夏农技协领办人食用菌栽培技术培训班，通过专题讲座、互动交流、现场指导的方法解决食用菌栽培技术上的疑难问题，促进宁夏食用菌产业高质量发展。根据夏季种养殖技术需要，开办宁夏花卉栽培技术、宁夏中药材栽培技术、宁夏蔬菜栽培技术、宁夏小麦新品种新技术推广应用、宁夏肉牛养殖5个培训班，培训技术骨干和带头人近400人。

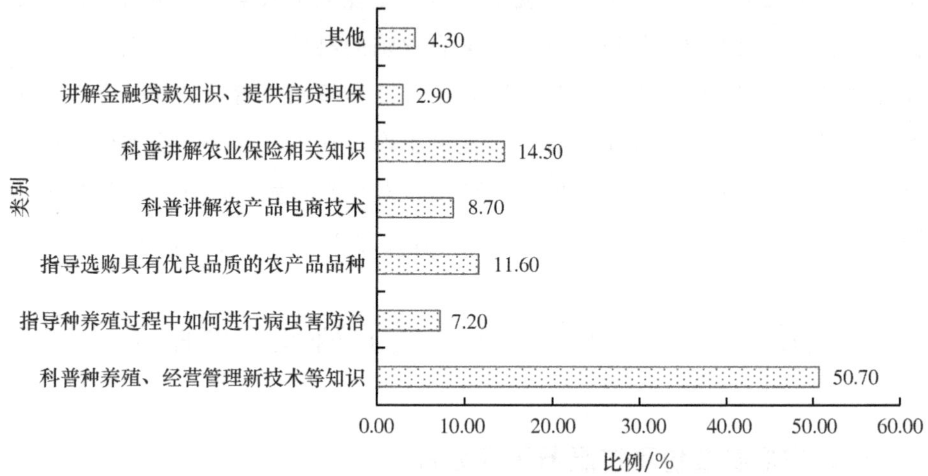

图 16-5　宁夏科技小院提供的科技志愿服务内容

资料来源：课题组调研数据

培训班通过理论授课和现场教学相结合的方式向培训学员传授了农业科技知识。

分别组织农技专家开展盐池县花马池镇草泥村经果林种植、青山乡甜瓜种植、青铜峡大青葡萄病虫害防治、海固县盐池村肉牛养殖、大武口区星海镇富民村蔬菜种植等实用技术推广服务 20 场次，受益人数近 800 人，专家现场分析原因，结合实际提出有针对性的解决方案，及时帮助群众解决生产生活中遇到的问题。

在平罗县、青铜峡市、泾源县和西吉县 4 地开展了基层农技协农业实用技术夏季培训活动，推广科学种养殖技术，宣传科普知识，助力乡村振兴，从而提升基层农技协的服务能力，全方位提升农民和基层科技志愿者的种养殖技术水平，提高基层种养殖户的管理水平，进而稳步提高基层种养殖户收入水平。

四、宁夏农技协助力乡村振兴的作用

经调查，80.8％的受访人员表示通过“土专家”、科技示范户等人的示范作用，把科技知识直接迅速、有效地传播到农民中去；61.5％的受访人员表示宁夏农技协提高了当地农户的科学文化素质，农技协组织帮助培养了一批乡土技术人才，46.2%的受访人员表示宁夏农技协组织帮助连接农业科学院所、大专院校、推广机构和学会组织等，引进现代农业先进实用技术。

第四节　宁夏农技协发展中面临的现实困境

经调查，目前69.23%的农技协组织存在发展和运行资金短缺，自我供血能力不足的问题，50%的农技协组织表示缺乏政府部门资金、项目、税收等政策支持，38.46%的农技协组织无法与科研单位建立持续、长久的合作关系，缺乏专业的技术人员（表16-2）。结合调研数据整理总结，并查阅相关资料得出以下4点宁夏农技协发展乏力的原因及当前面临的困难和问题。

表16-2　宁夏农技协带头人认为协会存在的问题

存在问题	占比/%
定位不清晰，过度追求经济效益忽略技术服务，不清楚农技协与合作社的区别	3.85
发展和运行资金短缺，自我供血能力不足	69.23
无法与科研单位建立持续、长久的合作关系，缺乏专业技术人员	38.46
缺乏政府部门资金、项目、税收等政策支持	50.00
协会发展权责不明确	3.85
技术培训，农村科普活动等未形成常态化	23.08
和其他农技协合作较少，独自发展难以抵御市场风险	19.23

资料来源：课题组调研数据。

一、支持农技协发展政策力度不足

一是国家和省级层面关于农技协的法律法规和扶持政策缺失。目前我国还没有相应的法律法规和政策明确农技协的法律地位，没有形成国家统一的对农技协的相关优惠政策。二是由于各地的基础条件不同，协会发展不平衡。2007年宁夏农牧厅、财政厅、水利厅、林业局联合下发《推进农民专业合作组织发展的扶持意见》，同时宁夏农技协积极争取国家和自治区科普惠农项目，对宁夏农技协的快速健康发展起到了积极的推动作用。但从地区看，经济发达地区的农技协组织健全、活动有序、效果显著；而经济相对落后地区的农技协组织发展相对缓慢，组织松散，地方部门对农技协的重要作用认识不足，缺乏足够的重视、支持和引导。

二、基层农技协自我发展能力有待提升

宁夏部分农技协组织自我积累不足，无固定经济来源，许多活动无法正常开展，宁夏农技协也无法有效承担会员或农户在生产经营过程中出现的风险，降低了服务功能、服务质量、凝聚力和影响力。在宁夏农技协组织中，大部分融资经营和自我积累能力较弱，资金运作困难，限制了自身发展。对政府依赖性较强，偏重于依赖政府部门和科协拨款资助，缺乏自身努力、寻求和组织合法收入的积极性。

三、科技小院建设工作中体制机制不够健全

宁夏2021年新建3家科技小院，目前现有科技小院4家，科技小院联合涉农企业、基层农技协和宁夏高校，围绕“九大产业”，引导科技小院研究生投入基层科普志愿服务，但目前共建各方还未形成一个完整的利益共同体，机制仍待健全。

四、服务水平和管理制度有待提高

农村实用技术培训服务的方式方法仍需创新，有针对性地长期服务解决某个产业的办法相对较少。在服务质量上，服务范围偏窄，面临着转变职能和经费不足的双重压力，难以满足广大农民的服务要求；在服务内容上，偏重于粮食、蔬菜等常规农业的生产服务，产后服务相对滞后，尤其是加工类型的协会层次低、数量少；在内部管理上，大多数协会组织不规范，制度不健全，参与市场竞争的实力不强，成员大多是农民，科技素质不高，缺乏专门的管理人才。

第五节　促进宁夏农技协发展的对策建议

经调查，84.62%的农技协组织表示亟须得到政府、科协等部门的资金和项目支持；42.31%的农技协组织表示希望加强顶层设计，协调农技协之间的

合作，整合资源共同发展；42.31%的农技协组织希望得到高等院校及科研单位等持续、长久的人才支持。结合调研数据中农技协组织反映的需求以及希望获取的支持，提出以下5点推动宁夏农技协高质量发展的对策建议。

一、明确方向，向深层次发展

推动宁夏农技协由单纯的技术交流型、技术服务型向经济实体型发展，积极引导宁夏农技协由低层次向高层次发展，由区域局部性向宽领域纵深化发展，以适应市场竞争的需要。成熟的宁夏农技协组织向农技协联合会、行业协会、研究会等高层次方向发展，同时可以发展更多的龙头企业、专业公司、农民合作社等具有专业化、多元化、市场化优势的组织成为会员单位，壮大农技协实力。

二、强化科技赋能，创新发展模式

积极引导宁夏农技协创办产供销、贸工农一体化经营实体，要积极探索“协会＋公司＋农户”“协会＋基地＋农户”“协会＋经纪人＋农户”“协会＋基地＋公司＋农户”及“专业协会＋专业合作社”等多种发展模式，特别要探索“专业技术协会”和“专业合作社”同步发展模式，实现两种合作经济组织的有效对接，形成优势互补关系，实现技术服务与市场经营的“双赢”。实施农业育种专项，推进良种优质化、提高良种覆盖率，推进精准栽培、绿色植保、酿造工艺、高效饲养、疫病防控等技术实现重大突破。加大农机装备研发力度，集成融合植保、水肥管理、高效节水与先进农机装备，推进农机农艺融合。鼓励各类创新主体开展农业科技社会化服务，开展好农村实用技术线下推广服务活动，有针对性地就一个产业进行长期持续性的科技服务活动，帮助当地农户提高技术水平。大力发展数字农业、智慧农业，开发农业多种功能，打造集研发、种植、加工、营销、文化、生态于一体的现代农业全产业链。

三、实施农产品品牌化战略

深入推进农业结构调整，推动品种培优、品质提升、品牌打造，提高产品的市场竞争力，相关部门扶持建立一部分绿色、有机农产品科普示范基地。

组织科技专家帮助推进农业标准化生产，积极发展无公害、绿色、有机农产品，提高农产品质量安全水平。整合培育特色农产品品牌，扩大品牌的辐射效应，联合打造区域公共品牌，力争在宁夏乃至全国涌现一批有影响力的农产品区域公共品牌。

四、加强自身建设

形成自上而下的农技协联络体系，切实加强对宁夏农技协工作的宏观指导，及时研究和解决农技协发展过程中遇到的各种困难和问题，通过政策引导和典型经验推广，促进协会的健康发展。加强对各级农技协的组织领导和引导工作，整顿网络组织，理顺关系，建立和健全各种规章制度，使农技协不但在数量上而且在质量上有一个大的发展和提高。制定《宁夏农技协科技小院建设管理指导意见》，明确宁夏科技小院共建各方的责任义务，加强宁夏科技小院运行管理，为打造高质量的宁夏科技小院做好制度保障工作。

五、加强人才培训，提高队伍整体素质

提高宁夏农技协管理水平，强化服务功能的关键在于人才的培养，实施“人才强会”战略。高度重视对各类人才的培养，有计划、有步骤地开展对协会主要负责人、协会管理人员、农技协带头人和广大会员的培训，培养和造就一支懂生产技术、精市场营销、会经营管理、有奉献精神的农技协骨干队伍，提升宁夏农技协管理和服务水平。

第十七章　贵州省农村专业技术协会调研报告*

课题组在贵州省农村专业技术协会（以下简称“贵州农技协”）负责人协助下，对贵州农技协发展及科技志愿服务情况进行了深入调查。借助学生假期返乡的机会开展线下调研，共获取11份问卷；通过农技协内部组织系统开展线上调研，获取问卷325份，其中农技协带头人问卷41份，农技协社员农户问卷46份，农技协科技服务志愿者问卷238份；通过科技小院组织系统开展线上调研，获取问卷54份，其中科技小院入住学生问卷43份，科技小院入住教师问卷11份。通过线上线下广泛深入的调研，全面分析了贵州农技协组织发展及科技志愿服务的基本现状，以便更好地发挥农技协在普及农业科技、提高农民科学素质、助力农业农村经济发展中的重要作用。

第一节　贵州农技协组织制度建设

基层农业技术推广体系是设立在县乡两级为农民提供种植业、畜牧业、渔业、林业、农业机械、水利等科研成果和实用技术服务的组织，是国家农业支持保护体系的重要组成部分和实施科教兴农战略的重要载体。经过多年的建设，贵州农技推广体系已基本建立，省、地、县三级设置有种子站、农技站、植保站、土肥站、畜牧兽医站、农经站，部分设置有经作站（或果蔬站、茶叶站、蚕桑站）、水产站、品改站、草地站、药检所等。

一、贵州农技协组织机构

按照贵州省科协的工作安排，贵州省农村专业技术研究联合会（以下简

* 本章作者为孙炼（贵州省农技协）、李乾（北京工商大学）、曹馨元（中国农业大学）、鹿傲飞（中国农业大学）、李阳阳（中国农业大学）。

称“农研联”）工作秘书处从科普部转移到贵州省科普创新服务中心。2021 年 4 月 29 日、30 日，贵州省农研联在贵阳召开了全省第四次会员代表大会，对理事会进行换届选举。贵州省科协党组成员、副主席杨泳滨，省科协原巡视员王明成，省科协原巡视员钱斌出席会议；省科协科普部部长黄穗，学会学术部副部长蔡娜，涉农高等院校、科研机构人员和来自九个市（州）的农业科技工作者代表共计 180 余人参加会议。大会审议通过第三届理事会工作报告、财务报告，并对新修订的《贵州省农村专业技术研究联合会章程》《贵州省农村专业技术协会会费管理办法》《贵州省农村专业技术研究联合会第四届理事会选举办法》进行审议表决通过。最终，会议选举产生理事 50 人、常务理事 15 人，其中秘书长 1 人、副理事 6 人、理事长 1 人、监事 1 人。

二、贵州农技协规章制度

为充分激发贵州省农研联工作机制活力，保障各项工作顺利开展，按照民政厅和省科协的要求，农研联建章立制，不断完善工作制度；设立秘书处、财务处，对相关人员工作进行明确分工。同时，加强对秘书处工作的规范管理，在监管机制上，充分发挥制度的刚性监督作用，保障农研联各项工作正常开展。

三、贵州农技协运行机制

调研发现，如图 17-1 所示，在 43 份有效问卷中，贵州农技协运行模式中占比最高的是“协会＋合作社＋农户”，占比约为 30%，其次是“协会＋公司＋基地＋合作社＋农户”，占比约为 21%。多种经营模式协同发展，极大提高了贵州农技协运行效率，带动多类主体共同投入乡村振兴建设。

贵州农技协在产业上以畜禽养殖和果蔬种植为主，二者共占据约 50%以上，在 43 份有效问卷中，水产养殖农技协数量为 0（图 17-2）。这种产业布局产生的最重要因素是贵州当地的自然地理条件，因此，当地农技推广必须要坚持因地制宜的原则。

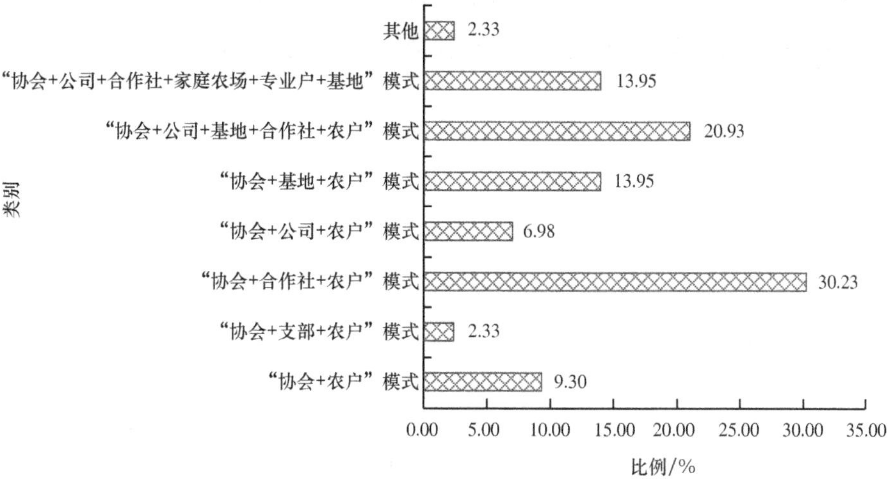

图 17-1　贵州农技协经营模式情况

资料来源：课题组调研数据

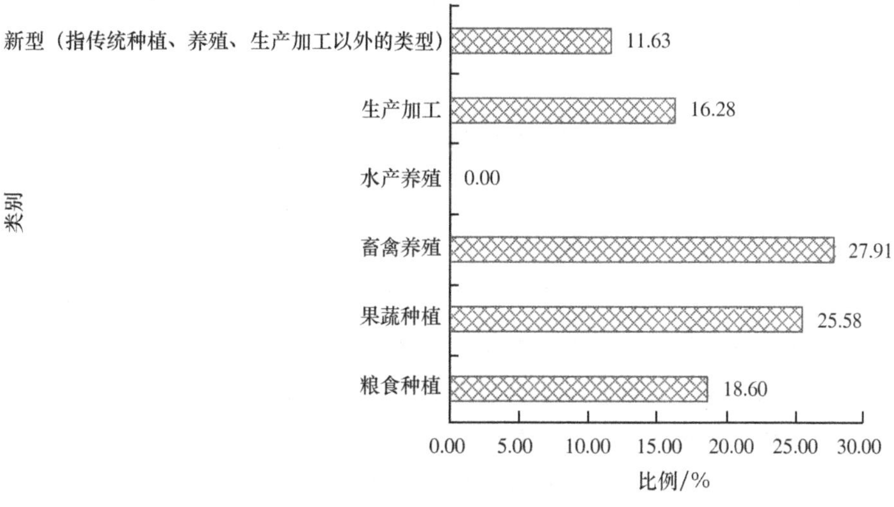

图 17-2　贵州农技协产业结构情况

资料来源：课题组调研数据

四、贵州农技协经费来源

贵州农技协的经费来源一部分是承接上级农技协、主管部门和有关部门项目、政府资助，以及在民政部门核准的业务范围内开展活动和服务的收入等，还有一部分是来自会费与社会各界捐助等。从调查问卷数据中可以发现，贵州农技协日常经费主要来自自创营收，其次是政府资助和协会会费（图17-3）。

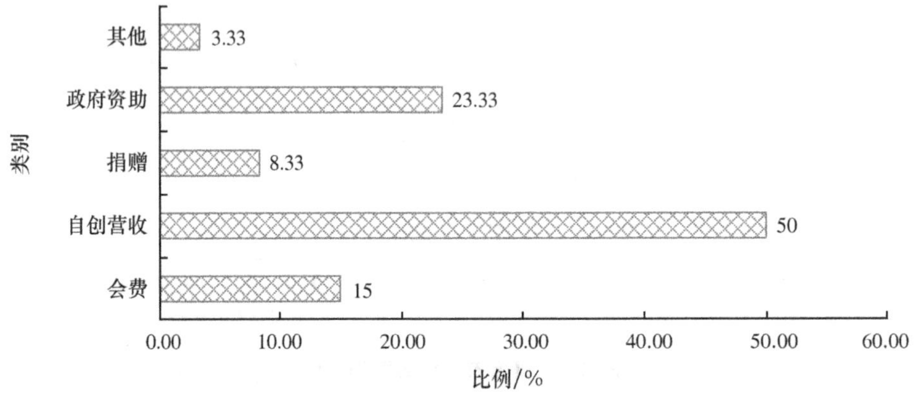

图 17-3 贵州农技协经费来源

资料来源：课题组调研数据

第二节 贵州农技协科技小院创建

认真贯彻科技部、农业农村部、教育部、财政部、人力资源和社会保障部、银保监会、供销总社等七部门联合印发的《关于加强农业科技社会化服务体系建设的若干意见》要求，充分发挥省农村专业技术研究联合会的组织优势，为涉农高校、科研院所搭建服务平台，积极探索科技小院模式，使科技小院成为服务贵州乡村振兴的重要抓手。

2021 年 2 月，在中国农技协的倡导下，贵州省科协联合贵州大学在贵阳、安顺、黔东南、遵义、毕节等 7 个市（州）创建了 11 个科技小院，如宋宝安院士团队指导的中国农技协贵州辣椒科技小院、张福锁院士团队指导的中国农技协贵州茶叶科技小院、贵州大学陈超教授团队指导的中国农技协贵州关岭木本饲料科技小院等。2021 年 4 月 15 日，中国农技协联盟（贵州）科技小院授牌仪式暨培训会在贵州大学举办，中国农技协理事长柯炳生、贵州大学校长宋宝安、中国农技中心主任师铎、省科协副主席杨泳滨等出席授牌仪式，为贵州关岭肉牛科技小院、贵州榕江小香鸡科技小院等11家科技小院授牌。经审核，11个科技小院全部入围“中国农村专业技术协会科技小院联盟”。2021年6月27日，贵州大学联合贵州省二表哥生态农业有限公司共建中国农技协贵州六枝跑山猪科技小院。

一、贵州科技小院的管理

为进一步明确贵州科技小院建设的原则和各单位职责，加强贵州科技小院的运行和管理机制，规范贵州科技小院资金使用，促进贵州科技小院健康发展，贵州省农研联积极协调各方，牵头制定了《贵州科技小院建设工作管理办法》，力求保障科技小院模式走深走实，让高校师生与农民同吃同住同劳动，让“产学研用”效果真正落地，打通农业技术推广“最后一公里”壁垒。2021年4月15日，中国农技协副秘书长李晓林教授为授牌单位开展了主题为“建设中国农技协科技小院联盟 助力农业产业发展”的专题培训。

二、贵州科技小院助力乡村振兴的作用

贵州科技小院积极发挥技术优势，助力乡村产业振兴。①指导肉牛养殖。贵州大学动物科学学院院长陈超教授带领专家教授及“博士村主任”学生一行于2021年8月到关岭开展牛场规划与建设调研活动，赴新铺镇卫生院养殖场、普利乡月霞村和花江镇付胜江养殖场调研关岭肉牛科技小院运行情况，对青绿牧草最佳刈割时间、育肥策略、常见病症处理和消毒防疫程序等肉牛养殖问题进行现场培训。②指导蛋鸡养殖。2021年6月，贵州大学动物科学学院程振涛教授带领“博士村主任”学生赴长顺县天农绿壳蛋鸡实业有限公司，就鸡疫病净化创建场建设和疫病净化技术为企业开展了现场技术指导及相关培训。

目前贵州科技小院提供的科技志愿服务内容较为多元化，其中，田间试验与接受农民日常生产问题咨询两项分别占比18.4%与17.79%，居第一、第二位，而科技长廊展览服务较少，仅占2.45%（表17-1）。

表 17-1　贵州科技小院提供的科技志愿服务内容

科技志愿服务	占比/%
帮助农民选择或选购农资	11.66
接受农民日常生产问题咨询	17.79
帮助农民拓宽产品销售渠道、销售产品	7.98
日常生产巡查	14.11
田间试验	18.40
技术培训	10.43
田间指导	9.82
示范带动	7.36
科技长廊展览	2.45

资料来源：课题组调研数据。

三、贵州科技小院积极参加全国培训

为进一步推进贵州科技小院建设，提升贵州省农技协组织建设发展活力，贵州省农研联组织人员参加了 2021 年 6 月 24 日至 27 日在重庆举行的 2021 年中国农技协科技小院联盟科技志愿服务交流观摩活动，贵州大学科技小院首席专家、研究生等参加了会议。通过交流学习，进一步明确了贵州省将结合地方产业发展需求培养一批能扎根企业、服务基层的高素质专业学位研究生，为地方产业发展提供了人才和科技支撑，实实在在解决了企业存在的难题，为全面推进贵州省乡村产业振兴贡献了力量的工作导向。

第三节　贵州农技协开展的科技志愿服务

一、开展志智双扶活动

按照中国科协、贵州省科协加强扶贫同扶志扶智相结合脱贫攻坚两手抓的要求，在中国农技协支持下，贵州省农研联申请扶贫经费 52 万元，在 9 个国家级贫困县组织“农技服务到身边”活动。该项目于 2020 年 11 月拨款启动，在贵州省农技协的指导和帮助下，紫云、晴隆、从江等县积极组织专家，

到贫困村开展培训，深入田间地头现场指导农民、解决问题。据不完全统计，贵州省农研联共开展了 84 场种养殖培训，服务农民 1 602 人，为当地培养了大批乡土科技人才，提升了农民生产技术水平，有效带动农民增产增收。科技小院组织志愿服务人员在农时季节对涉农企业、相关农户、新型职业农民、农村实用人才等开展技术培训、技术推广等科技志愿服务，同时开展科普活动，传播科学思想，从根本上促进农村居民整体科学素质提升。

二、做好科普工作宣传

贵州省农研联通过“贵州省科协网站”和“百万公众网络平台”，依托网络和新闻媒介，面向社会，对国家法规政策、科普知识等进行大量宣传，营造浓厚的科普氛围，取得了良好的社会效益。2021 年，共在贵州省“百万公众网络平台”发布工作信息 11 篇，报送中国农技协工作信息 8 篇、活动照片 30 张。

三、加强典型推优推介

为加大典型宣传，贵州省农研联向中国农技协推荐党领导下的优秀农技协 2 个、优秀农技协风采会长 2 人，其中贵州省遵义市播州区果蔬园林协会被《人民日报》广为宣传报道。同时，向中国农技协报送“十佳党建强国”事迹材料——贵州省遵义市播州区果蔬园林协会“强党建　促融合　引领协会新发展”。通过典型推优，激发了广大农业工作者持续服务农业农村发展的热情。

四、申报志愿服务项目

为深入落实农业农村部、中国科技《乡村振兴农民科学素质提升行动实施方案（2019—2022 年）》和中国科协、中央文明办《关于组织实施科技志愿服务“智惠行动”的通知》，推动科技志愿与党史学习教育“我为群众办实事”实践活动紧密结合，探索形成科技工作者开展科技志愿服务活动服务乡村振兴的有效机制，助力提升农民科技文化素质和身心健康素质，贵州省农研联积极研究确定了“刺梨科技‘加油站’志愿服务”和“贵州乡村振兴产业发展科技志愿服务”项目作为“智惠行动·百会百县乡村行”的申报项目，最终“刺梨科技‘加油站’志愿服务”项目成功入选。

第四节　贵州农技协发展中面临的现实困境

虽然贵州农技协近年来发展取得了显著的成绩，但通过实地调研发现，当地农技协发展普遍存在以下 2 个方面的问题。

一、推广模式单一

贵州省的农业技术推广工作实际上主要是靠政府在乡镇建立的农业技术服务中心来完成，虽然服务中心设施完备、专业技术人员配备齐全，但贵州农业是山地农业，集中连片的耕地少之又少，仅靠政府配备的乡镇农业技术人员很难有效完成推广工作，同时贵州又是欠发达的贫困山区，公共财政弱，经费短缺，不能有效解决农业生产和农民急需解决的问题。

二、发展资金不足

调研发现，农技协带头人普遍认为目前贵州农技协存在的最大问题是发展和运行资金短缺，自我供血能力不足，反馈该问题的农技协占 24.79%；其次是缺乏政府部门资金、项目、税收等政策支持，占比为 19.01%（表 17-2）。

表 17-2　贵州农技协发展存在的问题

存在问题	占比/%
定位不清晰，过度追求经济效益忽略技术服务，不清楚农技协与合作社的区别	5.79
发展和运行资金短缺，自我供血能力不足	24.79
无法与科研单位建立持续、长久的合作关系，缺乏专业技术人员	11.57
缺乏政府部门资金、项目、税收等政策支持	19.01
协会发展权责不明确	2.48
技术培训、农村科普活动等未形成常态化	12.40
难以满足家庭农场、专业大户等新型农业经营主体的技术需求	9.92
和其他农技协合作较少，独自发展难以抵御市场风险	14.05

资料来源：课题组调研数据。

第五节　促进贵州农技协发展的对策建议

在省科协的大力支持，以及各级农技协组织的共同努力下，贵州省农研联和广大农业科技工作者在决战决胜脱贫攻坚战场上做出了积极贡献，但是，还存在各地农技协发展不平衡、模式单一、资金紧张、扶持政策不完善等问题，要实现贵州农技协更好地助推当地产业发展，带动农民增收致富，应将未来发展策略聚焦在以下 3 点。

一、加大财政资金支持

调研发现，当地农技协负责人普遍认为目前贵州农技协最需要获得的支持是来自政府、科协等部门的资金、项目支持，其次是高等院校、科研院所等单位持续、长久的人才支持，还有就是资金的支持。科技小院的运转需要花费大量的人力、物力、财力，尤其是资金保障必须充足。目前贵州科技小院的资金主要来自科技小院依靠的高校经费，并不是长远之计。贵州科技小院在农技推广上体现的优越性相比公司推广而言在于它的公益性，而不是为赢取私利，以及为产品推广做宣传。所以这种公益性更应受到政策上的支持，需要进一步完善多元融资机制，保障科技小院长久发展。

二、扩展科技小院志愿服务中对农民的服务内容

在乡村振兴大背景下，贵州科技小院的职能不应仅局限于科技生产服务方面，在助力农村公共事务和农民日常生活上也可以发挥其价值。但同时也要注意把握时代发展脉搏，更好地尊重和保障农民主体地位，通过示范效应带动更多农民利用新技术生产，实现农户整体收入水平的提高。

三、完善人才培养体系

加强与科技小院建设所在地政府的联系，联合当地县科协、县农技协等有关部门，通过农业产业技术培训等方式，加强对贵州农技协领办人、新型

职业农民、种养大户的技术培训，提升其农业技术水平。强化队伍建设、定向培养基层农技人员，通过“定向招生、定向培养、定向就业”，切合当地现代农业发展的需要和农民的科技需求，改善基层农技人员“进不来、留不住、用不上”的难题。

参考文献

[1] 陈诗波．提升我国农村专业技术协会服务能力的政策思考 [J]．华中农业大学学报（社会科学版），2010（02）：64-68.

[2] 邸君珠，陈阿兴．乡村振兴战略背景下农民专业合作社发展路径研究 [J]. 吉林农业科技学院学报，2022，31（02）：29-33，103.

[3] 黄永伟．农技协在新农村建设中的作用与面临的挑战及对策 [J]. 安徽农学通报，2010，16（17）：24-25.

[4] 孔祥智，黄斌．农民合作社联合社运行机制研究 [J]. 东岳论丛，2021，42（04）：5-16，191.

[5] 李成成，李晓林．科技小院：新时代农业科研、科技服务与人才培养有机融合的新模式 [J]. 民主与科学，2019（04）：20-22.

[6] 李咏涛，李东明．日本农协经验对中国农业的借鉴作用 [J]. 理论界，2004（05）：248-249.

[7] 刘冬梅，杨帆，郑鹏．合作社与农技协政策比较 [J]. 中国农民合作社，2010（02）：49-50.

[8] 刘洁，祁春节．农村专业技术协会的制度变迁与创新——基于诺斯理性选择模型的解释 [J]. 科技进步与对策，2011，28（18）：104-108.

[9] 石晓华，赵长春．农技协与农民专业合作社对接模式探讨 [J]. 农村·农业·农民（B版），2012（06）：43-44.

[10] 宋中丽．平遥县发展农民专业合作社联合社的问题及对策建议 [J]. 山西农经，2019（05）：86-87.

[11] 唐宇翀，广安市农村专业技术协会发展现状及对策探讨 [J]. 南方农业，2020. 14（10）：17-19.

[12] 陶建群，王克，金雄伟．科协建设助力新时代经济高质量发展——群团改革的浙江探索 [J]. 人民论坛，2019（28）：106-108.

[13] 王世通．破解农技推广“最后一公里”问题的对策［J］．天津农林科技，2016（06）：43-46．

[14] 王玉斌，李阳阳，李乾，华静．乡村振兴背景下农技协组织发展的实践取向［J］．农学学报，2022，12（03）：92-100．

[15] 韦德贞，李冰．农业产业化联合体的范式结构、组织嬗变及增效机制探析［J］．农业经济，2021（09）：12-13．

[16] 吴瑞建．科技小院：农技协服务乡村振兴的新平台和新抓手［J］．学会，2019（07）：45-48．

[17] 赵晓峰，许珍珍．农民合作社发展与乡村振兴协同推进机制构建：理论逻辑与实践路径［J］．云南行政学院学报，2019，21（05）：6-11．

[18] 周晓．农业产业化联合体管理机制探析［J］．商讯，2021（35）：164-166．